U0933170

30秒说出关键点

黄仁杰◎编著

中国纺织出版社有限公司

内 容 提 要

生活中离不开语言交流，简洁而有效的话语往往是语言沟通的助力器。30秒能说出关键点，瞬间就会抓住人心，赢得讲话的主动权。

本书围绕如何通过“30秒说出关键点”，剖析说话的开场白、准备及表达的技巧、声音等，让你懂得用最简单的语言表达观点，在30秒内把话说到点子上，教你把话说得得体、说得出色，适用于各种情境，让你成为“一开口就赢了”的社交高手。

图书在版编目（CIP）数据

30秒说出关键点 / 黄仁杰编著. --北京：中国纺织出版社有限公司，2020.9（2024.7重印）
ISBN 978-7-5180-7453-2

Ⅰ.①3… Ⅱ.①黄… Ⅲ.①语言艺术—通俗读物
Ⅳ.①H019-49

中国版本图书馆CIP数据核字（2020）第085253号

责任编辑：闫　星　　责任校对：王花妮　　责任印制：储志伟

中国纺织出版社有限公司出版发行
地址：北京市朝阳区百子湾东里A407号楼　邮政编码：100124
销售电话：010—67004422　传真：010—87155801
http://www.c-textilep.com
中国纺织出版社天猫旗舰店
官方微博http://weibo.com/2119887771
永清县晔盛亚胶印有限公司印刷　各地新华书店经销
2020年9月第1版　2024年7月第3次印刷
开本：880×1230　1/32　印张：7
字数：118千字　定价：48.00元

凡购本书，如有缺页、倒页、脱页，由本社图书营销中心调换

前言

生活中，每个人都在用自己的嘴巴表达思想和观点，一个不能很好用语言表达自己意愿及想法的人，没办法处理好工作、学习，甚至无法经营好婚恋爱情。

然而，世界上最会说话的不是口若悬河、滔滔不绝的人，而是那些说话简洁、恰当表达自己观点的人。古人曰："大辩若纳。"说的就是这个道理，真正会说话的人，往往在合适的场合、合适的时间说合适的话，用最简洁的话语把观点表达到位，在关键的30秒内把话说到点子上，即所谓的"话多不如话少，话少不如话巧"。

把话说到关键点上，不仅可以有效提高沟通的效率，而且一开口就可以吸引人。现代生活节奏飞快，人们需要的就是简洁而有效的沟通，他们不喜欢把时间浪费在无效的沟通上，那么除了适当的寒暄之外，应该快速切入正题，寥寥数语就把事情叙述清楚，学会倾听对方谈话，捕捉其中有价值的信息，并给予及时的反馈，这是有效的沟通，而这也将大大节省沟通时间，增强沟通效果。

俗话说："到什么山上唱什么歌。"我们说话要因时间、场合、特定氛围而定，对于特别的对象，要用特别的方法。通

过察言观色了解对方心理，就可以投其所好，赢得对方好感。说好话时应该看准对象，分清场合，把话说到点子上，不能让对方听得一头雾水，这样不仅不利于自己表达观点，而且对方也不清楚你在说什么，最终的结果就是沟通失败。

30秒说出关键点，重点在于我们要言之有理，不能空洞无物，废话连篇，而是要三思而后说，不经过大脑思考随口而说的话是经不起推敲的，无法令人信服的；开口说话之前要理清思路，不要随便说、不要语无伦次，尤其跟客户面谈，说话更要简洁、有力、有理；说话要饱含真情，生动有趣，这样才能打动听者。

编著者

2020年1月

目录

第 01 章

开场白有吸引力：开口 30 秒就让人喜欢

日常沟通中，说话要说到关键点，一开口就吸引人。你知道吗？你与别人交谈的前30秒，往往决定了对方是否愿意听下去，也决定了此次沟通是否成功。开场白的吸引力，在于一开口就将对方“震住”。

三言两语，抓住听众的心

开场白，顾名思义，就是一开场所说的话。开场白开得不好就会影响接下来的沟通。俗话说："好的开始是成功的一半"，所以说开场白非常重要。如果在一开始就无法调动听众的兴趣，那么，无疑对于接下来的讲话会产生更大的障碍。

要想三言两语抓住听众的心，并非易事。其原因有二：其一是站在众多人的面前，即使准备充分，也难免紧张、怯场，一时不知从何说起，这样难免导致整场演讲的失败。其二，虽然演讲者没有怯场，但如果表现平平，没有在一两分钟内"震住"听众，这样的演讲也很难取得十分理想的效果。

所以，我们有必要设计一个匠心独运的开场白，以其新颖、奇趣、敏慧之美，给听众留下深刻印象，才能立即控制场上气氛，在瞬间集中听众注意力，从而为接下来的演讲内容顺利地搭梯架桥。

演讲开头成败的关键在于能否吸引并集中听众的注意力。演讲时获取听众注意力的方式随题材、听众和场景的不同而改变，一般可以运用事例、轶闻、经历、反诘、引言、幽默等手段达此目的。那么，具体来说，我们该怎样使演讲的开场白"精彩"起来呢?

1. 不同一般，吸引眼球

演讲与其他的交流不同，那些平庸、普通的语言与观点可能都不能引起听者的兴趣。对此，在讲话前，演讲者如能做一番准备工作，语言表达不同一般，那么，必能出奇制胜，达到“此言一出，举座皆惊”的出色效果，会立即震撼听众，使他们蓦然凝神侧耳细听，寻求你的讲话内容，探询你演讲的原因。

钱钟书先生的小说《围城》中有一段故事：方鸿渐到本县省立中学发表演讲，事先精心准备了演讲稿，可是到场后却发现稿子不在手边，急也没用呀，听众已经在热烈鼓掌，方鸿渐只好上场了，但这开场白却来得很精彩。

“吕校长，诸位先生，诸位同学：诸位的鼓掌虽然出于好意，其实是最不合理的。因为鼓掌表示演讲听得满意，现在鄙人还没开口，诸位已经满意得鼓掌，鄙人何必再讲什么呢？诸位应该先听演讲，然后随意鼓几下掌，让鄙人有面子下台。现在鼓掌在先，鄙人的演讲当不起那样热烈的掌声，反觉到一种收了款子交不出货色的惶恐。”

听了方鸿渐的演讲，听众大笑，记录的女孩也含着笑，走笔如飞。

需要注意的是，运用这种方式应掌握分寸，否则会变为哗众取宠，故作耸人之语。应结合听众心理、理解层次出奇制胜。再有，不能为了追求怪异而大发谬论、怪论，也不能生硬牵扯，胡乱升华。否则，极易引起听众的反感和厌倦。须知，

无论多么新鲜的认识始终是建立在正确的主旨之上的。

2. 学会自嘲

自嘲就是“开自己的玩笑”。对此，需要演讲者在演讲过程中放下架子，运用诙谐的语言巧妙地自我介绍，这样会使听众倍感亲切，无形中缩短了与听众间的距离。

营销讲师金克言先生在一次有近千名观众参加的演讲会上准备演讲，可台下只响起了稀稀拉拉的掌声。于是他说：“从大家的掌声中可以发现两个问题：第一，大家不认识我；第二，大家对我的长相可能不太满意。”几句话缩短了与听众之间的距离。台下大笑，掌声一片，观众的反应热烈多了。他接着说：“大家的掌声再次证明了我的观点！”话音刚落，台下笑得更厉害了，又是一阵热烈的掌声。这个开场白既活跃了场上气氛，又缩短了演讲者与听众的距离，一箭双雕，堪称一绝。

3. 贴切引用

演讲的开头可以恰到好处地引用大家不大熟悉的格言警句或诗词佳句，再加以解释，从而顺利入题。这样，演讲就会有声势有威力，能迅速抓住听众。

一次，演说家李燕杰去首都一家大医院演讲，开头就朗诵了他创作的一首诗：

每当我忆起那病中的时光，

白衣战士就引起我深情的遐想。

他们那人格的诗，

心灵的美，

还有那圣洁的光，

给了我顽强生活的信心，

增添了我前进的力量！

随着朗诵的进行，看书的人逐渐抬起了头，说话、走动的人也停了下来，当朗诵完最后一个字时，全场掌声雷动。

恰到好处的引用，不仅新颖，而且拨动了听众的心弦，说出了他们的心声，所以引起了共鸣。

当然，吸引听众的方式有多种，有的是在开头采用幽默语、形象语、发问语、警句、格言、典故、谚语等引起听众的兴趣；有的语言朴实无华，但提出的是党和国家的重大问题；有的则充满激情，具有振奋人心的作用。演讲者可根据具体的主题，设计一个新颖别致的开场白，一开口就抓住听者的耳朵，从而赢得一片掌声！

俗话说，良好的开端是成功的一半。精彩的开场白可以起到创造良好气氛，激发听众兴趣，说明演讲主题的作用。演讲学界曾有人指出：如果没有一个好的开头，想在整个讲话过程中做到轻松、巧妙地与听众交流思想是颇为困难的。

先讲个故事，吸引对方听下去

可能很多人都明白，文章开头最难写。同样的道理，演讲的开场白也最不易把握。演讲学界曾有人指出：如果没有一个好的开头，想在整个演说过程中始终做到轻松、巧妙地与听众交流思想是颇为困难的。一个有演讲经验和演讲学识的演讲家，通常都非常重视演讲开头的设计。我们演讲开头成败的关键在于能否吸引并集中听众的注意力。因此，开场白只有做到匠心独运，以其新颖、奇趣、敏慧之美，才能给听众留下深刻印象，才能立即控制场上气氛，在瞬间集中听众注意力，从而为接下来的演讲内容顺利地搭梯架桥。可以说，用形象性的语言讲述一个故事作为开场白会引起听众的莫大兴趣。可供使用的故事一般有两类：幽默的故事和一般的故事。具体来说，我们可以这样操作：

1. 幽默的故事

心理学家凯瑟林告诉我们："如果你能使一个人对你有好感，那么，也就可能使你周围的每一个人，甚至是全世界的人，都对你有好感。只要你不是到处和人握手，而是以你的友善、机智、风趣去传播你的信息，那么空间距离就会消失。"幽默能一下子拉近人与人之间的心理距离。但演讲中使用幽默的故事一定要注意，讲话者需有幽默的天赋，切不可平淡、呆板。

台湾著名艺人凌峰在一次春节联欢晚会上发表了一段精彩

的即兴演讲，其中幽默的开场白堪称经典。

“在下凌峰。这两年，我大江南北走了一道，男观众对我的印象特别好，因为他们见到我有点优越感，本人这个样子对他们没有构成威胁，他们很放心，他们认为本人长得很中国，中国五千年的沧桑和苦难都写在我的脸上了。”台下大笑并发出热烈的掌声，“一般说来，女观众对我的印象不太良好，有的女观众对我的长相已经到了忍无可忍的地步。她们认为我是人比黄花瘦，脸比煤球黑。”台下又迸发出笑声，“但是我要特别声明，这不是本人的过错，实在是父母的错误，当初并没有征得我的同意就把我生成这个样子。”台下再次爆笑，“但是，时代在变，潮流在变，现在的男人基本上可以分为三种：第一种，你看上去很漂亮，看久了也就那么一回事，就像我的好朋友刘文正这种；第二种你看上去很难看，看久了以后是越看越难看，就像我的好朋友陈佩斯这种。”台下爆笑，“第三种，你看上去很难看，看久了以后你会发现，他有另一种男人的味道，就是在下这种了。”观众给予热烈的掌声，“鼓掌的都表示同意了！鼓掌的都是一些长得和我差不多的，真是物以类聚啊！”台下再次爆发出笑声和热烈的掌声。

凌峰的开场白妙语连珠，使观众的笑声迭起，掌声不断，不但紧紧抓住了观众的心，而且给观众留下了极为深刻的印象。可见幽默的开场白对于抓住受众的心有多么重要。

2. 一般的故事

这一类故事，可以是现实生活中的轶事趣闻，也可以是中

外历史上有影响的事件。无论使用哪一类故事，都应注意和自己的谈话内容相衔接。

1962年，82岁高龄的麦克阿瑟回到母校——西点军校。学校里的每一种东西，都令他眷恋不已，浮想联翩，仿佛又回到了青春时光。在授勋仪式上，他的即席演讲是这样的：今天早上，我走出旅馆的时候，看门人问道：“将军，你上哪儿去？”一听说我到西点时，他说：“那可是个不错的地方，您从前去过吗？”接着，麦克阿瑟不露痕迹地过渡到“责任—荣誉—国家”这个主题上来，水到渠成，自然妥帖。

这个故事情节极为简单，叙述也很平淡，朴实无华，但饱含的感情却是深沉的、丰富的。既说明了西点军校在人们心中非同寻常的地位，从而唤起听众强烈的自豪感，也表达了麦克阿瑟对母校的那种深深的眷恋之情。

总之，演讲开头是演讲者向听众出示的第一个同时也是最重要的信号，我们若能以故事开场，便能吸引听众的注意力，引发他们听的兴趣和积极性。

直奔主题，营造既定语境

演讲者在公众场合的演说，目的就是起到启迪人心的作用，能否在开场就抓住听者的兴致，对于对方能否接受自己的

观点至关重要，因此，演讲者在确定了演说的主题之后，首先应当考虑的，便是这个主题如何进行结构？如何以自己对主题的兴趣引发出听众同样的兴趣？如何以自己对题目的感觉和热情去点燃听众内心的感觉与热情之火？如何以自己对主题的精深理解去启迪听众随着这思路一道共鸣和思索？这些，都关乎演讲的成败。

在众多的开场设计中，有一种直击要害的方式，那就是开门见山式。毛主席在《改造我们的学习》的演讲中，开头就说："我主张将我们全党的学习方法和学习制度改造一下。"这个开场白，开宗明义，揭示演讲的基本内容和主旨，紧接着揭示改造学习方法和学习制度的理由，以引起听众的注意。

在美国会计协会罗切斯特分会的一次演讲中，演说者唐纳德·罗杰斯通过表达他对听众需求的关心而激发起了他们的兴趣：

我今晚要演讲的题目是《信息的透露》。确定这个题目之前，我先是查阅了本地的会计年鉴分册和全国会计协会的学术专刊，然后又询问了我的同事亚历克斯·莱文斯顿和戴夫·汉森："今晚来听演说的人都有哪些？他们希望我讲什么？"他们告诉我在座的各位都是些很热心的人，希望我的演讲有趣而富有启发性。因此，我将告诉大家一些有用的知识。同时希望我的演讲简明扼要，并留给大家一定的提问时间。

有时候，听众是很"自私"的，他们只有从演讲中有所收获才会专心去听演讲。演讲的开头应正面回答听众心中的"我

为什么要听”这一问题。而唐纳德·罗杰斯在开场中就向听众展示了这一点，因此，他便找到了与听众继续沟通的门道。

那么，作为演讲者，该如何灵活运用开门见山的开场方式呢？

1. 入题要快

有一篇叫作《人呵，认识你自己》的演讲，其主题是“人与社会和自身的关系”。一开始，演讲者并不直接挑明这个题目，而是先援引恩格斯的话，讲了个“司芬克斯之谜”的引子：“大自然——司芬克斯向每个人和每个时代提出了问题……”；继而话锋一转，问道：“那么人类呢？人和人类社会有什么难题呢？”最后他自己答道：“人类面对着的有三大难题：人生、社会和人自身。”这就是“转折式入题”了，它使自己的入题显得有些跌宕，有些波澜甚至悬念，不平铺直叙，自然能引起听众的关注与兴致了。

2. 感情真挚

演讲者在开场的时候，演讲言辞具有真挚的感情，才能打动人、感染人，有鼓动性。因此，它要求在表达上注意感情色彩，把说理和抒情结合起来。既有冷静的分析，又有热情的鼓动；既有所怒，又有所喜；既有所憎，又有所爱。当然这种深厚动人的感情不应是“挤”出来的，而是发自肺腑，就像泉水喷涌而出。

马丁·路德·金的《我有一个梦想》的演说，为了点明

主旨以增强感染力，就反复“描述”了“我梦想有一天”的情景，每一个情景就是一个镜头，连续组成主观与客观融为一体的连续不断的“画面群”，既强烈地渲染主题，实际上也是一种颇为艺术的点题方法。

3. 语言流畅，深刻风趣

演讲者若想把在头脑里构思的一切都写出来或说出来，让人们看得见，听得到，就必须借助语言这个交流思想的工具。因此，语言运用得好还是差，对演讲影响极大。要提高演讲稿的质量，不得不在语言的运用上下一番功夫。

对此，我们不妨运用以下几种方法：

一是使用点出主旨的警句，以达到“余音绕梁”的效果。

在演说开头使用警句，不仅新意盎然，而且颇有深刻寓意，仿佛黄钟轰鸣，余音不绝于耳。

警句得来并不容易，但是，如果演讲者能做到将情感倾注到演讲中，并注意语言艺术的运用，那么，你的演讲语言一定具有力度和感染力。

二是艺术地运用熟语，以便听众受到感染并乐于接受自己的观点。

熟语，包括成语、民谣之类，通俗易懂，人们耳熟能详。对此，切不可视之为下里巴人而妄加轻视与贬低，相反，熟语很多时候在演讲中也能起到“阳春白雪”的作用。如果演讲时，演讲者对此能艺术地加以改造和利用并糅进其他修辞手段

进行强化，也有可能赋以新意并铸成警句，从而给人以艺术享受与心灵震动。

总之，演讲者在演说过程中，使用经典的开门见山式开场白，能迅速将听众带入规定情境和思路中去。

开宗明义、开门见山，是中国传统的作文法，也符合听众一般的心理要求。有的演讲开头注意使听众具有一定的心理准备，从而与演讲者建立协调和谐的联系。

卖卖关子，迅速吸引听众的注意力

可能很多演讲者在演说过程中都有这样的感触：一上台就开始正正经经地演讲，会给人生硬突兀的感觉，让听众难以接受。而如果能在开场时卖卖关子，则能迅速吸引听众的注意力。这就是演讲过程中的悬念。演讲中的悬念是指听众的一种心理活动，这种心理的产生基础是听众对某种事物的认识有个大略的了解，但现在向他传达的则是已经变化了的事物，他们对此产生了关心的情绪，继而把想探个究竟的想法急切地表达出来。

人们都有好奇的天性，一旦有了疑虑，非得探明究竟不可。在开场白中制造悬念，能激发听众的强烈兴趣和好奇心，在适当的时候解开悬念，使听众的好奇心得到满足，也使演讲

前后照应，浑然一体。

可以说，悬念是打开领导者成功演讲之门的金钥匙，这种心理活动的过程，如果能被演讲者在演讲时恰当利用，就会使听众听完后产生一种愉悦感，进而真切理解演讲者的意图。

有一次，陶行知先生在武汉大学演讲。他走上讲台，不慌不忙地从箱子里拿出一只大公鸡。台下的听众全愣住了。陶先生又从容不迫地掏出一把米放在桌上，然后按住公鸡的头，强迫它吃米，可是大公鸡只叫不吃。他又掰开鸡的嘴，把米硬往鸡嘴里塞。大公鸡拼命挣扎，还是不肯吃。最后陶先生轻轻地松开手，把鸡放在桌子上，自己向后退了几步，大公鸡主动吃起米来了。全场鸦雀无声，听众的胃口被吊了起来。这时陶先生则开始了演讲：

我认为，教育就跟喂鸡一样。先生强迫学生去学习，把知识硬灌给他，他是不情愿学的。即使学也食而不化，过不了多久，他还是会把知识还给先生的。但是如果让他自由地学习，充分发挥他的主观能动性，那效果一定会好得多！

这时，全场掌声雷动，听众不禁为陶先生精彩形象的演讲开场白叫好。

陶行知在这次演讲中，就是以展示物品开头的。因为每个人都有好奇的天性，心中一旦有了疑团，非得探明究竟不可。为了激起听众的强烈兴趣，演讲者可以在讲话之前，先拿出一件物品，肯定会让在座的听众挺直身子。他们会猜想：他要表

演魔术吗？这就引起了听众的好奇心。展示的物品可以是一幅画，一张照片或任何一件其他实物，只要有助于讲话者阐述思想，能引起话题。

除了展示物品法设置悬念外，演讲者在演讲开场时使用的悬念方法还有：

1. 故事导入法

演讲者演讲开始讲一个亲切感人的逸闻趣事，以此造成悬念吸引听众的注意力，所讲故事如果是亲身经历的，效果会更好。

2. 即景生情法

演讲者演讲时，不妨以眼前人、事、物、景为话题并加以引申，把听众的注意力不知不觉地引入演讲之中。当然，这个话题最好能生动有趣。这样即兴发挥，能给人耳目一新的感觉。

当然，即景生情法不是故意绕圈子，不能离题万里、漫无边际地东拉西扯，否则会冲淡主题，也使听众感到倦怠和不耐烦。演讲者必须心中有数，还应注意点染的内容必须与主题互相辉映，浑然一体、恰到好处地过渡。

3. 对比设疑法

演讲者在开场时可以使用强烈的反差、对比来引出自己的题目，以期在人心目中留下深刻的印象。这主要指以对比、对照和映衬之类的修辞手法，来引领和导入自己的话题。

有一篇名为《论男子汉》的演讲，一开始，演讲者的话似

乎跟一般的谦辞没什么两样，颇有离题之嫌。因为，他一口气就洋洋洒洒叙说了四个“为难”之处——

我一点也不明白主办者的意图何在，这使我感到为难，这是我遇到的第一个困难。今天，我是第一次来到你们学校，一切都是陌生的。在一个陌生的环境里，人容易有一种不适应的感觉，这是我遇到的第二个困难。况且，刚才前面的几位同学又作了精彩的演讲，热烈的掌声可以作证，这给我增加了压力，算是我遇到的第三个困难。不巧得很，我本想凭手中这么一张卡片做一次演讲，却忘了戴眼镜了，想把它放在桌上偷偷地看几眼也不成了，这就是我的第四个困难。

乍一看，这开场白颇有些饶舌的味道；岂料到，演讲者讲罢“第四个为难”之后，话锋突然一转，便进入自己早已拟定的题目了——但是，我并不胆怯；相反，我充满了信心。我相信，既然我站到了这个讲台上来，我就必定能够鼓起勇气，竭尽全力，让自己体面地走下台去！因为，我选择了这样一个演讲题目——《论男子汉》！

这样《论男子汉》特有的“勇气”之题目，便同一开始的“胆怯”与“为难”形成鲜明对比和反差，巧妙、贴切而又风趣盎然，听来令人解颐。这样的入题，不是做到了“辞明义见”和“曲径通幽”的完美统一了吗？

当然，演讲者在使用设置悬念法开场时，不能故弄玄虚，这一方法既不能频频使用，也不能悬而不解。在适当的时候应

解开悬念，使听众的好奇心得到满足，而且也使前后内容互相照应，结构浑然一体。

讲述事实，更易赢得听众的信任

我们都知道，任何演讲，都必须以一定的话术开场。因此，演讲的开场很重要，它可以奠定整个演讲过程的基调。但万事开头难，演讲也不例外。如果开场白毫无新意，那么即使内容丰富、道理深刻，也无法有效地吸引听众，那么，接下来就很可能会出现听众昏昏欲睡的场面。幽默的开场白是演讲者明智的选择，因为这不仅能使台下的听众眼前一亮，而且人在轻松的氛围里能有效地思考问题，从而使自己的演讲抓住人们的心。

其实，要想达到好的演说效果，方法很多，但最能引起共鸣的还是无懈可击的事实。

1984年5月5日，东京召开了第47届国际笔会，著名作家巴金先生参加了此次活动，大会总议题是“核时代的文学和作家的关系”。在前面几位著名的作家发言以后，巴老作了精彩的发言。开头是这样的：

在广岛原子弹爆炸十年后，一个12岁的小姑娘发了病。她相信传说，以为自己折好一千只纸鹤就能恢复健康。她躺在

病床上一天天折下去，她不仅折了一千只，还多折了三百多只，但是她死了。人们为她在和平公园里竖立了“千羽鹤纪念碑”，碑下挂着全国儿童送来的无数只纸鹤。我曾经取了一只用蓝色硬纸折成的鹤带回上海。我没有见过她，可是这个想活下去的小姑娘的形象，经常在我眼前出现。好像她在要求我保护她，不让死亡把她带走。倘使可能，我真愿意用我的生命换回她的幸福！……

在演讲开头，巴金先生讲述了一个伤感动人的故事，表达了他对和平的渴望，而正是这个故事，打动了在场的听众。接着，巴金过渡到“核时代的文学和作家的关系”这个主题上来，水到渠成，自然妥帖。

那么，以事实为开头，为什么能取得这样的演说效果呢？因为以事实为开口，可以使听者从一系列触目惊心的事实中醒悟过来，造成一种“悬念”，使听者急于了解更多的情况。因此我们在发表讲话时，也可以选用事实为开场白，引起听者的注意、赢得他们的认同。

在演讲开头，向听者讲述一些事实，会让听者在一开始就对你产生信任。当然，选择事实要遵循这样几个原则：要短小；要有意味，促人深思；要与演讲内容有关。那么，具体来说，我们该如何以事实为开场进行演讲呢？

1. 事实可以令人震惊，以引起重视

著名演讲教育家李燕杰在《爱情与美》的演讲中这样开

场："我不是研究爱情的，为什么会想到要讲这么一个题目呢？"然后讲了一个故事：北京一家公司的团委书记再三邀请李老师去演讲，并掏出几张纸，上面列着公司所属工厂一批自杀者的名单，其中大多数是因恋爱问题处理不好而走上绝路的。"所以，我觉得很有必要与大家谈谈这方面的问题。"

这个故事一下子把听众的注意力集中起来，使他们感到问题的严重性和紧迫性。

2. 事实可以是与主题相关的知识

运用这样的方式开场，不仅能体现出主题的重要性，更能用事实说服听者。

美国空军少将鲁弗斯·比拉普斯在夏努特空军基地的一次宴会上作演讲时，就对"黑人遗产周"的有关背景知识及其对美国空军的重要性作了介绍：

我很高兴来到此地，同时我也很感谢应邀和在座各位讨论有关美国黑人问题。为保持和增进民族间的理解，美国各大州又开始纪念"黑人遗产周"。在夏努特空军基地，我们庆祝它则可以对美国空军进行完整无缺的教育。我们民族的主旋律是："黑人历史，未来的火炬。"

这个已成为美国人民生活一部分的纪念活动，是弗吉尼亚州纽坎顿市卡特·伍德森最先提出并计划的，他现在被誉为美国"黑人历史之父"。伍德森先生于1915年成立了"美国黑人生活和历史协会"。后来，他又于1926年发起了"黑人遗产

周”纪念活动……

当然，演讲者在演讲开场白中陈述事实，还有很多途径，这需要我们根据具体的演说场景和主题进行论述，但无论任何陈述，必须建立在真实可信的基础上，一切有失真实的言辞都有可能被听者识破而使得整个演说黯然失色。

我们进行演讲，其目的本身就是将所陈述的观点深入人心，引发共鸣，以达到震慑人心的效果。开场白中任何技巧的运用，都不如以事实开头更能获得听者的信任与认同。

第 02 章

说话并非多多益善：开口先要说关键

生活中，有的人一开口就说个不停，滔滔不绝，却听不出所以然；有的人三言两语，寥寥数语，就说到了点子上。日常沟通，说话并非多多益善，而是开口先要说关键，这样才能提升沟通的效率。

讲话，夺人眼球的主题很重要

中国人常说："磨刀不误砍柴工""有备无患"，也就是说，在做事之前，充分的准备工作有助于提高做事成功的可能性。通常，对于演讲这类社会活动，更需要我们做到有备而言。事实上，即便是一些演讲大师，他们在演讲之前，也会对语句的组织做一番精心准备，以便使自己的讲话更准确、更生动。

不得不承认，任何人参加演讲，都不可能是无目的、胡说一气的，而是有一定的动机的，或激励，或劝说，或为了说明观点，或为了部署工作、提供信息等。有演讲目的，自然也就有了演讲主题，可以说，主题是讲话的灵魂，是所有内容的统帅。讲话缺乏主题，即使堆砌大量华丽辞藻，也不会有实际的价值和意义。语言缺乏统帅，就是字词的拼凑，不可能有说服力和感染力。

确定演讲目的不是难事，但提炼出一个吸引人的演讲主题却不易，主题能抓住听众的心，是一场演讲成功的开始。因为对于一场演讲来说，主题是其门面，听众在听你的演讲之前，是无法了解你演说的具体内容的，真正能吸引他们的，也就是你的演讲主题。

那么，我们该如何确定一场演讲的主题呢？

1. 先明确你的演讲目的

演讲目的一定不能模糊不清，因为你不会希望信息被别人误解。你的演讲目的必须在主题中体现出来，而不要让听众猜测你究竟在说些什么。

2. 缩小你的演讲范围

演讲前，你要事先准备，自然有大量的数据和资料，但千万不要把你的主题范围定得太广，否则你会发现想要把你想说的一切归纳出来压力很大。学会去伪存真，找到主题的焦点，这就意味着你必须缩小范围，才能有足够的时间阐明你想要表达的观点。

3. 演讲主题要有针对性，是公众关心的问题

作为一名演讲者，在你确定一个主题前，你应该考虑到这个主题有何价值，要知道，不是所有的主题都能激发听众的兴趣。毕竟，演讲是一种社会活动，是用于公众场合的宣传形式，你的目的是要“征服”听众的，你的主题也应该是公众关心的问题，只有这样，才能取得一定的社会效果，让听众心悦诚服。

另外，你还需要明白，你要了解你的听众群体，不同层次的听众，他们关心的问题也是不同的，举个很简单的例子，如果你想确定“自己动手”这个主题，你可以谈洗盘子，不过你似乎无法对这个主题热衷起来，但你可能没有想到的是，在一批家庭妇女面前，这是个极好的话题。

当然，在确定主题前，你也不能只考虑听众，还有你自

己，只有自己热衷的主题，才能激发你的演讲兴趣。试想一下，你正在演讲，却突然有人站起来反对你的观点，你是否能慷慨激昂地为自己辩护，如果会，那么，你的主题就对了。

4. 演讲主题要上口入耳

“演讲”和“表演”不同，前者的本质在“讲”，而后者在“演”，因此，在提炼你的演讲主题前，最好是上口入耳的，比如，马丁·路德·金的“我有一个梦想”，这个主题就简单、明了、让人记忆深刻。你可以先默念一下，如果讲不顺口或听不清楚（如句子过长），就应修改与调整。

5. 演讲主题要有意义

所谓演讲主题，就是在演讲前要确定的讲话的主要观点和中心思想，也就是我们要向听众传达的观点、感情或态度。要了解讲话的主题，就需要事先了解讲话的场景是为了什么目的，时刻意识到自己是出于什么动机展开这次讲话。

不要把你的时间或者观众的时间浪费在无关紧要的细枝末节上。你不想超出听众的理解能力，但你也不想侮辱他们的智慧。记住你是在进行严肃认真的演讲，而不是在咖啡馆里表演喜剧。

总之，演讲主题能限制你的讲话范围，以目前为前提来组织语言和准备材料，就能帮助我们确定讲话主题。

不妨先讲最精彩的内容

说话与写小说有着很大的区别。一般而言，小说是以塑造人物形象为中心，通过完整故事情节的叙述和深刻的环境的描写反映社会生活的文体。而且，大多数小说都会以故事情节的发展来设置高潮，它带领着读者一步一步走进故事最精彩的部分。在日常交际中，我们不能把故事高潮部分放在后面，而是先抛出故事的高潮部分，这实际上是一种“倒叙”的模式。通常我们在阅读小说的时候，故事情节的高潮部分都会安排在最后或者中间，小说这种结构安排会让读者产生身临其境之感。但是，如果演讲时也将最精彩的部分放在最后，那么听众有可能听了一部分就哈欠连天了，因为他们的注意力不能长久地保持下去，最终导致整个演讲的失败。

有一次，蔡康永必须在节目里介绍画家常玉的生平，他知道许多观众没有听说过常玉，他也了解许多人认为画家其实离我们的日常生活很遥远。为了做好这期节目，蔡康永花了一番心思，他想，如果自己在节目一开始就说“常玉年轻的时候就很想到外国去留学，他家里当时还算有钱，就花钱把他送去巴黎”。他觉得大部分观众并不会对这个开场白感兴趣，可能观众会想“常玉是谁啊，我听都没有听说过”。所以，在正式录节目的时候，蔡康永把故事的顺序改了一下，节目一开始，他就拿起常玉的传记说：“我手上这本书，大概只比鼠标垫大一

点点，如果上面画的都是常玉的油画，那么，它的市场价格大概是台币两百万到三百万。”这样的开场方式让蔡康永留住了很多听都没有听过常玉名字的观众，因为他一开始就讲出了故事的爆点。

蔡康永说：“你如果习惯把爆点藏在故事的很后面，可能听你说话的人，熬不了那么久，就纷纷去上厕所了。”每一个故事都有精彩的爆点，也就是故事的高潮部分，这是每个人都想听的，会给人想继续听下去的欲望。如果你说“这一张很小的油画就能卖两三百万”，大家都会惊奇地问“为什么会这样呢”“这是怎么回事”。

把故事的爆点放在最前面，能增强故事的生动性，在听者心中留下悬念，这样的叙述更能引人入胜，同时也可以避免说话的平铺和故事情节的单调。采用这种说话方式，主要是为了给听者造成悬念，引人入胜，达到特殊的表达效果。当然，“把故事的爆点放在最前面”也要注意使用恰当的过渡句，否则就会使故事头绪不清，脉络不明，最终影响你的表达。

1. 讲话中灵活使用“倒叙”

如果把故事的爆点藏在最后面，很难达到预期目的。那么，如何让你的讲述更生动呢？秘诀就是“调整故事的顺序”，也就是我们在叙述故事时经常用到的“倒叙”。它是根据表达的需要，把故事的结局或某个最重要、最突出的片段提到讲述的最前边，然后再解释“为什么会出现这样的情况”，

即把故事按原来的发展顺序进行讲述。

这种“倒叙”方式不仅仅在说话中使用，也会用到电影创作中。比如，苏联影片《这里黎明静悄悄》里，最开始的情节是“年迈的上尉带领几个年轻人在扫墓”，然后再倒叙墓碑下牺牲的年轻女战士们那可歌可泣的故事。诸如电影《辛德勒名单》《泰坦尼克号》等都采用了这种方法。

2. 如何使用“倒叙”

当然，“倒叙”的说话方式，并不是把整个故事都倒过来叙述，而是把最精彩或高潮部分提前，其他的部分仍采用一般的讲述方式。在日常生活中，有时候我们会为了表现话题的中心，就可以把最能表现主题的部分提到前面，比如，董事长在一开始就说出会议主题；有时候为了使自己的讲话富于变化，避免平铺直叙；其实，更多的时候是为了表达效果的需要，使自己的讲述曲折有致，给人造成悬念，引人入胜。不过，需要注意的是不要毫无目的地颠来倒去，反反复复，使整个故事描述不清。

3. 如何练习“倒叙”的说话方式

如果有兴趣练习这种说话方法，可以看看报纸或网络上的新闻，都喜欢用什么样的标题，来吸引读者把整则新闻看完。一般而言，新闻的标题都是整个新闻事件的爆点，这是无可厚非的。这样，撰写新闻标题的人就不用担心读者不看新闻了，因为标题往往激发了读者的好奇心“为什么会这样？”“到底

发生什么事情了？”所以，要想练习这种说话方式，可以在平时多看看新闻是如何拟写标题的，而且在实际讲述故事的过程中，尽可能地调整故事的顺序，把故事的爆点放在最前面。

说好客套话，拉近双方距离

游走在社交场合虽然我们手中的名片越来越多，但真正无话不谈的朋友却没有几个，因为绝大多数只是场面上的朋友，迎来送往，无非就是“您好”“再见”。但是，令人苦恼的是，如果是真正的朋友，即便相对无言，也不会觉得尴尬。而社交场合的场面朋友就不同了，即使说了声“您好”，还需要周旋几句才能说“再见”，中间所呈现出的一段空白，不仅需要我们去填，而且还需要“巧”填。那些社交高手总能够漂亮地完成这样的任务，而且通过几句简单的场面话就拉近了彼此的心灵距离。等到下一次见面，场面上的朋友已经成为很好的朋友。相反，那些不善交际、不懂说话的人，则会尴尬地维持着自己的笑脸。所以，我们在日常交际中，需要适时说好场面话，拉近彼此的心灵距离。

下班了大家一起聚餐，酒过三巡，王董事长又向别人讲起了自己的创业史，新来的同事小松并没有走开，反而把身子往前挪了挪，神情专注地听王董事长的光荣战绩：“想当年，我

不过也才你这般年纪，不怕吃苦不怕遭人白眼……”“您说得对，我们这一代就是缺点不怕吃苦的精神，看来我得向您学习啊！”小松随声附和。

在生活中，客套的“场面话”是不可或缺的，它就犹如黏合剂，拉近了人与人之间的心灵距离。一旦缺少了适时的场面话就使整个交谈显得尴尬窘迫，甚至不知道下句话该说些什么。特别是对于那种还比较陌生的朋友，适时的场面话更不可缺少。

2018年就快到了，公司为了庆祝新年的到来，特地举办了一次鸡尾酒会。销售部最年轻的经理小王也参加了，跟不同的客户寒暄了几句，小王就躲进了角落里喝橙汁，他不太擅长说场面话，所以，自己躲起来落个清静。没想到，一个商人模样的老外却走过来打招呼，小王赶紧放下冰橙汁，与他握手。那位老外笑着说：“为什么你的手冷冰冰的呀？”小王忙着解释，指向那杯冰橙汁，老外马上摇头：“不不不，你只需要说‘但我的心是热的’就行了。”小王窘迫地笑了。

也许，老外并不关心小王的手为什么是冰冷的，而小王也没有必要解释为什么自己的手是冰冷的。当两个陌生人见面时，他们所需要的只不过是寒暄几句“场面话”，什么话能让对方开心，就说什么话。一般情况下，那些让人开心的场面话，定会给对方留下深刻印象，无形之中就会拉近彼此的心理距离。

几位同事正在办公室里讨论工作中出现的问题，这时经理身边的“红人”小李走过来了，她笑着安排了工作，并针对同事提出的问题一一作了解答。同事张丽笑着说：“小李，你太聪明了，你的智商真高，怪不得坐到了助理这样的位置，羡慕啊。”听了这番“客气话”，小李有点不高兴，笑容僵硬在脸上，旁边的小杨赶忙说：“经理一直在我们面前夸你头脑灵活，今天一见，果真名不虚传啊！”小杨的场面话挽救了小李，其实，平时小杨与小李的关系挺疏远的，但从这一次之后，小李每次见到小杨都会亲切打招呼，两人渐渐成为无话不谈的朋友。

交际中总会出现各种尴尬、难堪的情境，这时候一旦开口不当，就会令场面越来越僵，最终影响整个人际关系的和谐。此时场面话就成了这些情境的黏合剂，它能较好地填补不适当的话引起的尴尬心理。

那么，场面话该怎么说才合适呢？

1. 恰到好处地称赞

有时候，我们需要当面称赞对方，比如，称赞对方工作能力，称赞对方教子有方。诸如此类的场面话，有的可能是实情，有的可能与事实有一段差距，听起来虽然有点别扭，但只要不太离谱，对方听了都会感到高兴的，比如“这衣服穿在你身上再合适不过了”，短短一句话比一段话还能触动对方的内心。

2. 话不宜多

场面话是人们在应对各种关系时的现象之一，这是交际的需要，但并不意味着你的场面话说得越多越好，而是越精越好。当你在洞悉了对方心理之后，只需要说出一句话就能有效地影响其心理了，比如“什么时候一起喝茶吧”“你最近忙吗……我想请你喝茶”，前者比较真诚，后者因话太多而显得虚伪。

3. 适时地附和

许多人往往希望自己的成就得到肯定与赞赏，因此，我们可以在交流时加入一些简单的语言，比如“对的”“你说得对”等，以肯定对方的成就，这样会缩短彼此之间的心灵距离。

从听众的兴趣点入手进行演说

人们都有这样的心理：与志趣相投的人谈话其乐无穷，与志趣相异的人谈话，会感到“话不投机半句多”。掌握人们的这一心理，我们在演讲时，从听众的兴趣点入手进行演讲，让听众感到你与他志趣相投，自然愿意倾听你的演讲了。

康威尔博士很擅长使用这一方法，每次他到某个地方，他都会在演讲中加入一些当地人经常谈及的话题和他们都了解的事，这样，听众就会对他的话感兴趣，因为他的演说内容与他

们自己有关，这样做能将听众的注意力牢牢抓住，从而保证沟通顺利进行。

可见，作为演说者，当你面对听众时，你可以假想一下，他们很希望听到你的演讲——只要它能对他们有用。而如果你只考虑自己内心的想法和思想倾向，那么，你的听众就会慢慢变得烦躁不安，表现得不耐烦、看手表，甚至会离开。

艾力克·钟斯顿是前美国商会会长，现为电影协会会长，他几乎在自己的每一场演说中都运用了这一技巧，接下来，我们看看他在俄克拉荷马州立大学的毕业典礼上是怎样机智地使用这个方法的：

“各位在座的俄克拉荷马人，我想对于各位来说，对于那些危言耸听的贩子来说，他们将俄克拉荷马列于书本之外这一情况绝不陌生，因为他们认为它永远是绝望的冒险。还在30年代的时候，不少‘乌鸦们’都对这一肥沃的地方望而却步，并且，他们还争相告诉其他的‘乌鸦们’，你最好别去俄克拉荷马，除非你自带干粮。

在他们看来，俄克拉荷马是新美洲沙漠永远不会改变的一个部分，他们曾说，‘在这里，你永远看不到盛开的鲜花。’但是就在1940年的时候，俄克拉荷马却俨然成了一片绿意盎然的花园，百老汇的歌手们也都会兴致勃勃地唱起‘当雨后风儿吹来，便有小麦波浪起伏、散发清香’。我敢说，再过十年，在这个总被干旱吞噬的地带，带给我们视觉的冲击是一眼望不

到头的玉米杆。

这一切都是信仰给予我们的，也是敢于冒险的收获……

因此，我要说，我们在看待事物时，要往前看，看到更美好的远景，而不应该停留在昨天的背景中。当我准备访问这里的时候，我在档案里寻找《俄克拉荷马日报》时，我想看看50年前，也就是1901年的春天，这里的生活是怎样的，你们猜我发现了什么？噢，我发现了它描述的全是俄克拉荷马的未来，他们把重心都放在明日的希望上啦。”

你可能也发现，依据听众所关注的问题和兴趣来演讲，是一个极好的方法。艾力克·钟斯顿这里说的这一事例，其实是来自于听众在后院的谈话，他这样说，会让听众感觉到他的演说并不是从文件中拷贝出来的，而是真心为他们特地准备的，只要你也能懂得从听众的兴趣来说，是能抓住听众的注意力的。

我们都知道，在人际交往中，我们若希望达到自己的沟通目的，首先就要接近对方，让对方产生好感，演讲中同样如此，当然，用来接近听众的话题可以说俯拾皆是，关键在于要善于根据特定的情境去发掘，并恰到好处地运用。

的确，吸引力来自对话题的兴趣。如果不知道听众喜欢什么话题，演说开始时，你可以提出一些问题进行试探。当一个话题谈不下去、听众反应不佳的时候，就要赶紧转换话题了。如果谈话出现了短暂的停顿，既不要着急也无须刻意没话找话，适当地沉默片刻也无妨。谈话是交流，可以涓涓细流，不

必像赛跑那样一个劲儿地拼命朝着终点跑。

总之，我们在演说前，可以先问问自己：你的讲演能够帮助听众解决什么样的问题，怎样达到他们的目标？然后开始讲给他们听，就会获得他们的全神贯注。如果你的职业是一名会计师，那么，开场时你就可以表明这一点：我现在就教大家如何立遗嘱，然后，就有一些观众对你的话题产生兴趣。其实，在每个人的知识积累中，总有某个方面能打动听众。

通俗易懂，让听众心领神会

演讲是演讲者向听众传递信息的一个重要手段，因此，让听众深刻领会也就是演讲需要达到的重要目的之一。可能一些演讲者认为，越是运用高深的理论知识，越是晦涩难懂的演讲语言，越是能体现自己的知识水准和演讲口才，越是能将自己与听众在知识层次上划分，实际上，这无异于唱独角戏而得不到听众的响应，也失去了我们最初演讲的本意。而越是高明的演讲者，越是懂得深入浅出的道理，他们能在轻松愉快的氛围中通过简洁通俗的语言把自己的本意传达给听众，达到自己演讲的目的。

毛泽东注意语言的通俗化，更注意以大量文学手段为语言技巧，使文章深刻生动，出神入化，增强思想艺术感染力。

毛泽东提出了“三个吸收”：第一，要向人民群众学习语言；第二，要从外国语言中吸收我们所需要的成分；第三，学习古代语言中有生命的东西。毛泽东始终注意以群众生活语言为基础，努力从上述三方面汲取语言营养，将“活人的唇舌”作为源泉。

在闽西，当有些人提出“红旗到底能够扛多久”的疑问时，毛泽东不是去讲大道理，只是用了八个字“星星之火，可以燎原”来回答，形象、通俗而又富有哲理，消除了人们的悲观情绪。

延安时期，毛泽东常常到抗大去讲哲学，抗大的学员文化水平参差不齐，他就把枯燥的理论与实际结合起来，深入浅出，生动活泼，形象具体。在讲《矛盾论》时，为了说明外因是变化的条件，内因是变化的根据这个观点，他举了鸡蛋因得适当温度而变成小鸡，而温度不能使石头变为小鸡的生动例子；讲《实践论》时，他举了一个要知道梨子的滋味，就得变个梨子，亲口吃一吃。毛泽东在举这些生动的例证时，听课的同志全都笑了。

井冈山斗争前期，许多同志不懂中国革命战争的特点，也不懂得什么叫游击战术，毛泽东扼要概括为“十六字诀”，又进一步解释道，打仗行军就是一门学问，打得赢就打，打不赢就跑，赚钱就来，蚀本不干。几句简短、通俗而又深刻的话语，就把游击战争的战略战术讲明白了。

任何一个演讲者，都应当学习毛泽东的演讲语言——通俗易懂，因为讲者和听者之间总是会有一道桥梁，每个人能接受的语言水平也是不一样的。作为演讲者，只有做到深入浅出，将你要传达的思想以简洁的语言传达给听者，才能真正让听众心领神会。

诚然，任何一个演讲者都希望自己在演说的时候能妙语连珠、口若悬河，这也是演讲大师制胜的法宝，是演讲者讲出魅力的根基。但演说语言的深入浅出，并不与此相违背。事实上，这恰好体现了一个领导者的口才，因为任何语言艺术的运用，只有在让听者接受的前提下才能发挥效用。

那么，作为演讲者，该如何做到深入浅出地演讲呢？

1. 语言要生动形象

举个很简单的例子，形容一个人胖，如果你只说此人很胖，实在很胖，那么，一点说服力也没有。而如果你说“此人体型宽大，我估计摔倒了都不知从哪头扭，”这样就更容易给人一种形象感。契诃夫在描写胖子的时候，语言更为奇妙：“这个胖子胖得脸上的皮肤都不够用了。要张开嘴笑的时候，眼睛就要闭上，而要睁开眼睛看的时候，就得把嘴巴闭上。”

2. 在演说语言中注入你的精神力量

2000年前，有一位拉丁诗人曾说：“如果你想引出别人的眼泪，必须自己先悲感起来。”的确，感情是形于内而发于外

的东西，如果你自己做不到感情饱满，那么，自然感染不了听众，反而让人感到虚假、做作。也就是说，要想感染别人，最根本的是使自己先进入情绪，进入状态，用心感知。

我们发现，那些成功的演讲家，大都是富有活力和精神抖擞的人，他们具有超常的爆发力，把他们内心的情绪释放出来。已故的美国大政治家柏寿安说："通常所谓口才流利，就是说那人说话是从心底里发出来的，里面充满了热诚。一个诚恳的演讲者，不怕缺乏知识；一篇能够说服听众的演讲，能够把自己的心与听众的心融合为一，而不是单单把自己的记忆移入对方的记忆。演讲者要欺骗听众比欺骗自己都要难。"

3. 善思考

人是思考的动物。善思考，才能出观点、出新意。不思考，就会人云亦云，没有真知灼见；就会老生常谈，提不出新思路、新见解。同样，演讲过程中，如果你多加思考，那么，那些生硬的问题，自然就能找到通俗易懂的表达方式。

4. "厚积"才能"薄发"

能将晦涩难懂的语言通俗化，不仅需要我们的嘴上功夫，更需要平时的积累。因此，必须注重知识的积累，语言的积累，经验的积累。茶壶里有饺子才能倒得出来，有深厚的积累和扎实的根底才能做到言之有物，言之有据，言之有理，言之有效。

心虚气短、心浮气躁的人是无论如何也讲不到"点子"

上的。因此，演讲者在日常工作和生活中，应努力养成独立思考和多积累演讲语言的好习惯。这样，才能富有思想性和创造性，才能在演讲中做到厚积薄发、深入浅出。

第 03 章

逻辑明确条理清晰：有助于快速道出关键点

在日常沟通中，如何在30秒内说出话题关键点？那就需要讲究说话的逻辑，不管是说人还是说事都要循序渐进，不出现跳跃现象，注重说话内容前后连贯，叙事条理清楚，这样更容易快速说出关键点。

语言凝练有重点，不啰唆重复

在生活中，你仔细观察就会发现，有的人说话言简意赅，句句说到点子上，能击中问题的要害，很快营造了强大的气场，控制了别人的思想。而有的人尽管表达了很多，但是让人听得云里雾里，不断地打擦边球，根本没有涉及核心问题，被人轻视和不重视。事实上，不是他们的态度上有差异，而是因为他们表达的能力不一样。会表达的人往往能做到语言凝练、字字珠玑、绝不啰唆重复。

同样，在脱稿讲话中，如果你想让你的演说给听众留下思路清晰、条理分明的印象，那么你最好在演说的过程中逐步提醒你要说的重点，比如，你可以说，你有几个重点，现在你讲的是哪一点，接下来你准备讲哪一点。

“我的第一点是……”你完全可以这样坦白地说，然后再说第二点，这样一步一步地说到结束。

罗夫·邦茨博士曾任联合国助理秘书长，在任职的时候，他在纽约州罗切斯特城市俱乐部主办的演讲会上发表过重要的演讲，从开始演说时，他就运用这一受人欢迎的坦率的讲话方式。

“今天晚上我要演说的题目是《人际关系的挑战》，是因为以下两个原因，”他又接着说，“首先……其次……”从

开口到演讲结束，他都在努力地让听众听明白他说的每一个部分，然后逐步带领听众得出结论：“我们不能对人类向善的天性失去信心。”

经济学家保罗·道格拉斯也曾巧妙地将这一方法运用其中。要知道，这一商业会议曾一度停滞不前，会议上，他以委员税务专家和伊利诺伊州长参议员身份演讲。

他这样开始：“我的主题是：最迅速、最有效的行动方式，是对那些几乎会用掉全部收入的中、低收入民众采取减税。”

然后用这样的方式继续他的演讲：

“具体说……

“进一步说……

“此外……

“有三个主要的理由……第一……第二……第三……

“总而言之，我们要做的，就是立即对那些中、低收入民众实行减税措施，以此来增加需求与购买力。”

那么，我们该如何在脱稿讲话中做到突出要点、条理清晰呢？

1. 了解你要表达的中心、重心、要点

任何问题都有中心和重点，找到了这个中心和重点之后，说话的时候才能有的放矢，才能做到什么话该说，什么话不该说。所以，迅速找准谈论的中心是言简意赅的前提和基础。否则，眉毛胡子一把抓，只能惹人厌烦。

2. 懂得表达，语言表达清晰、稳重、不啰唆

说话时语言表达的轻重缓急也是很有讲究的，该让对方听清的地方就要缓一些，不重要的信息就可以一句带过。如果张口结舌或连珠炮似的大讲一通，对方就会产生一种急迫感，从而心生不信任。

3. 简明扼要地表达脱稿讲话的重点

要想使说话不啰唆，其实只需捡重点说就行，其他次要的内容，要么不提，要么一言以蔽之，只有这样才能保证你的发言在最短的时间之内收到最好的效果，否则，即使你滔滔不绝地谈论半天，听者一个个都还是不知你发言的目的。

比如，如果你讲话的目的是希望听众去做什么，那么，你要简明扼要地告诉听众，你希望他们去做什么。所以，你也要先问自己，现在听众已经做好各种准备去行动了，那么，你是不是确实告诉他们该做什么。确定你演讲的重点，应该精简文字，就像打电报一样，绝不啰唆，还要清楚、明白。

不要说："请帮助我们这里孤儿院那些生病的儿童吧。"这样说太笼统了，应该这样说："今晚就签名，下周日聚会，带领25名孤儿去野餐。"最重要的一点是，你的请求必须是让听众一听就能明白的实际行动，而不是猜来猜去的心理活动。举个例子："经常想想你的祖父母吧！"这样说太含糊了，也不知如何去行动，而如果你这样说："本周末就去看望祖父母吧！"再比如说，与其说"要爱国"，还不如说"下星期二就

请投下你神圣的一票”。

可见，无论你演讲的主题是什么，是否还是争论不休的，作为演讲者，你都应该把自己的重点和行动的请求讲得让听众易于理解和接受。所以，最好的方法就是明确具体行动，比如，你希望听众增长记忆人名的能力，千万别说：“从现在便开始增加你对人名的记忆次数。”这样说未免太笼统了，也让听众不明就里。你可以这样说：“从你遇到的下一个陌生人开始，在五分钟之内就重复他的姓名五次。”

相对于那些概略的言辞来说，我们说出明确的行动指示，更能引导听众做出行动。比如，如果你想听众去安慰一位生病住院的人士，与其发动大家去寄慰问卡，还不如说“在祝康复的卡片上签名”来得更直接。

总之，一场脱稿讲话要围绕重点展开，因此，我们应该十分有信心而且有力度地把重点讲出来，就好像一篇文章的标题会很突出一样，你的演讲目的和重点也应该直接强调出来，让听众对你和你的请求产生难以忘记的印象，不要带着不确定或者无信心的态度来提出你的请求。

注重语言魅力，不搞形式主义

生活中，我们常听说“形式主义”这个词，它的含义就是

不注重内容而注重形式。事实上，一些人在脱稿演讲的过程中，也总是走形式主义，他们会事先准备好一份演讲稿，然后背诵下来，在脱稿演讲时，也不顾听众的感受，自顾自地背诵完稿子，便认为自己做了一次精彩的演讲，实际上，这类形式主义、走过场的演讲没有任何意义。

任何一个成功的演讲者不但注重通过脱稿讲话来锻炼自己的讲话能力，更注重自己语言的锤炼。如果你讲话乏味，就没有人爱听，空话套话多，号召力就差，这样的讲话不如不讲。“白圭之玷尚可磨，斯言之玷不可为。”空话讲多了，听众就会对你的讲话失去了兴趣，而你想传达的思想就没有成功地传达出去。

现实的脱稿演讲过程中，一些人不注重语言魅力，只注重形式主义。他们在说话的时候，枯燥无味，让下面的人听起来很难受，许多人深受其苦，甚至，有的人为了躲避听他说话，不惜请假、会上打瞌睡、玩手机游戏、频频借故出入会场。试想，如果听众反感你的讲话，那么，演讲又该如何进行呢？

或许有些演讲者会抱怨：“不是我们想搞形式主义，而是不得不搞形式主义，脱稿演讲太难了。”其实，想要做好脱稿演讲有很多方法，完全没有必要依靠形式主义。

具体来说，你可以这样做：

1. 事前充分准备

美国前总统林肯曾说过：“我相信，我若是无话可说时，

就是经验再多、年龄再老，也不能免于难为情的。”这句话说得十分深刻。

任何一场演讲，尤其是脱稿演讲，要想获得满堂彩，就必须做足准备工作。要知道，心中没有路子，脚下难迈步子，如果你心中无“货”，思想乏味，那么语言也同样乏味。

2. 端正演讲动机

不要把目标定得过高，对于不切实际的期望要有客观的分析。如果把演讲的意义片面夸大，甚至把演讲与个人终生的成就、事业和幸福等紧紧联系在一起，那么，也只能落入形式主义了。

3. 讲话内容要真实具体

在《风格的要素》一书中，威廉·斯特伦克这样阐述：“那些研究写作艺术的人，假如在他们的观点中，有相似或一致的地方，那么，这个地方就是：如果说能抓住读者的兴趣，那么，最为可靠的方法就是要具体、明确和详细。像荷马、但丁、莎士比亚等这样一些最伟大的作家，他们最为高明的地方，就是他们处理特殊情境的能力，他们能在叙述或者写作时唤起读者脑海的景象。”

写作如此，脱稿讲话亦如此。曾经，卡耐基和他的训练班的学员们做了一个实验——讲事实。他们在实验中定了一个规则：在每句话中都必须有一个事实、一个数字、一个专有名词，还有一个日期，当然，他们获得了革命性的成功。所有经

过训练的学员，演讲水平都得到了很大提升。

4. 轻松自然地讲话

卡耐基称在他一生的教学生涯中，曾有一段时间是很依赖教科书中的信条的，他那时只是照搬老教授们传授的一些坏习惯，实际上，他们并没有从一些浮夸的演说风格中跳出来。

卡耐基常提及自己曾上的第一堂演讲课。

教师让他将两臂轻垂于身体两侧，手指微曲，手掌朝后，大拇指轻轻靠着大腿。然后他又让卡耐基把手臂举起，再画出优美的弧线，好让手腕优雅地转动，接着再将食指张开，然后是中指，最后是小指。当这一整套合乎美学的、装饰性的动作完成之后，手臂要恢复方才的弧线，再度放于双腿的两侧。

再经过自己的摸索之后，卡耐基发现，这一套动作只是表演性的而已，一点也没有意义，显得做作、毫无诚意。

他后来才明白，演讲要将自己的个性融入进去，要和平常与人谈话一样轻松、自然、生气勃勃。

5. 演讲内容要灵活，避免机械背诵演讲稿

的确，逐字逐句地背诵讲稿，很容易在面对听众时遗忘，即使没忘，讲起来也会显得十分机械化。美国总统林肯曾说过：“我不喜欢听刀削式的、枯躁无味的讲演”。背演讲稿对演讲者可能是一种必要的准备方式，但是，背诵依赖的是机械记忆，逐字逐句的记忆不仅会耗费演讲者大量的时间，而且容易使演讲者形成心理定式。实际的脱稿演讲过程中，一旦因怯

场、听众骚动、设备故障等突然出事而容易出现“短路”现象。因而，在演讲中我们只要准备好提纲，根据自己的语言、思路发挥更能打动观众。

6 注重语言魅力

我们不应该只重视讲话的形式，而更应该注重自己的语言魅力。讲话本身就是一门艺术，让自己的语言有特色，你可以适当地幽默、调侃，这样会使你的讲话变得十分有趣，令人感动，并且让听众能够牢牢记住你的讲话，感到你的魅力，受到你的鼓舞。

总之，生活中的人们，如果你正致力于提高自己的演讲能力，那么，你也要学会剔除那些机械式的演讲训练方式，做到内容充实、杜绝形式主义。

长话短说，准确传达观点

我们都知道，与一般的演讲形式相比，脱稿演讲更难把握，也更容易出错，因此，那些演讲大师在脱稿演讲时都不会打持久战，而是采取简短有力的演讲方式。然而，我们发现，现实的脱稿演讲中，不少人说话都有一个明显的弊病，那就是非常啰唆，他们把一些极为简单的问题复杂化。本来可以三言两语就能说清楚的问题，非要重复无数遍，结果越说越离谱，

自己也搞不懂在说什么。

从另一个方面说，现代社会，人们的时间观念都很强，没有人愿意花费太多的时间来听你的长篇大论。所以，我们在说话的时候，切忌兜圈子，而是把话说到点子上。有话则说，长话短说，无话不说，这样才更能准确传达你的思想。

1863年7月1日，对于美国人民来说是个非常有意义的日子，因为这天在美国发生了一件惊天动地的事，美国南北战争在华盛顿附近的葛底斯堡打响了。三天激战后，北方部队大获全胜。

战后，美国的宾夕法尼亚等几个州商讨后决定把战争中逝去的烈士合葬在国家烈士公墓。

公墓在1863年11月19日举行落成典礼，美国总统林肯也就理所应当地被邀请前去演讲。除了林肯之外，演讲者还有美国的前国务卿埃弗雷特，而林肯只是因为总统的身份，才被邀请在埃弗雷特之后讲几句形式上的话。这种情况下，林肯非常清楚自己的处境，在他前面演说的是在美国历史上最有演讲能力的人。而林肯如果说不好的话，无疑会被在场的人笑话，会使得自己总统的颜面尽失。

在典礼上，埃弗雷特那长达两个小时的演讲，洋洋洒洒，确实非常精彩，也获得了听众的掌声。令人意想不到的是，林肯的演说居然只有十分钟，而就这十分钟的演讲，不仅仅赢得了当时在场的一万多名听众的热烈欢迎，还在全国引起了轰动。

当时有报纸评论说："这篇短小精悍的演说简直就是无价之宝，感情深厚，思想集中，措辞精练，字字句句都很朴实、优雅，行文毫无瑕疵，完全出乎人们的意料。"就连埃弗雷特本人第二天也写信给林肯："我用了两个小时总算接触到了你所阐明的那个中心思想，而你只用了十分钟就说得明明白白。"林肯这次出色的演讲的手稿被收藏到了图书馆，演讲词被铸成金文，存入了牛津大学，作为英语演讲的最高典范。

林肯在这次演讲中靠什么取胜？那就是简洁的演讲，他那简短有力的演讲比长达两个小时的精彩演讲更深入人心。很多时候，言简意赅的讲话比那些长篇大论更容易被人们所接受，所谓"浓缩的就是精华"，因为简洁，所以它所阐明的思想更有深度；因为简洁，它所表达的意思更加清晰；因为简洁，它所彰显的内容更有力度。

同样，脱稿演讲中，我们要想自己的讲话获得较好的效果，就必须讲究语言的简洁、精练，这样才能使听众在较短的时间里获取更多有用的信息。反之，如果你只是空话连篇，言之无物，那么无疑是浪费时间。在很多时候，我们哪怕只讲了一句话，也能获得满堂的掌声，而有的人讲了整整一个小时，却获得稀稀拉拉的掌声，这就是语言是否简洁的效果。

那么，我们该如何做到语言简洁呢？

1. 观点鲜明

我们在选用开门见山这一开场方式时，就要观点鲜明。演

讲观点鲜明，显示着我们对一种理性认识的肯定，显示着我们对客观事物见解的透辟程度，能给人以可信性和可靠感。演讲稿观点不鲜明，就缺乏说服力，就失去了演讲的作用。

2. 语言有力度

我们讲话应该注重简练的语言，太过烦琐的语言会让你所表达的意思不够准确，也会占用听众更多的时间，结果就是你既没有讲明白你的意思，下面的人也有苦说不出，强忍着听下去。简洁的几句话显得更有力度，也更容易被听众所接受。

3. 把话说到点子上

相传，子禽曾经问墨子："话是说得多好，还是说得少好？"墨子说："你看田里的青蛙，整天叫个不停，却没有人理会它，而公鸡每天只在天快要亮的时候，才叫一两下，人们都很注意它。可见，话不在说得多而在说得有用。"

总之，在脱稿演讲中，我们陈述观点传递信息的时候，要让所说的话有力度，能够让人听得进去，才是好的说话方式。我们讲话一定要做到一针见血、言简意赅，这样才能让听众明白你到底说的是什么。

讲究逻辑顺序，提高言语层次感

当众说话时，语言表达需要有层次，这样所说的话才容易

被听众把握。我们在交流思想、介绍情况、陈述观点、发表意见时，为了使听众可以快速了解自己的说话意图，领会主旨，往往需要有层次的语言表达方式。说话有层次，有道理，有概括性，这样的说话所产生的是一目了然的效果，听众自然更容易把握其中的内容。在说话中，我们要提纲契领地把问题的本质特征表露出来，达到“片言以居要，一目能传神”的效果。此外，在语言表达过程中，要善于将所表达的东西区分开，哪些是重要的，哪些是次要的，哪些是先说的，哪些是需要留到后面说的，这些问题都需要认真考虑，以此才能让自己的语言表达更有层次感。

说话有层次感，也就是将你所说的内容按主次顺序、逻辑顺序清楚地展现在听众面前。有的人说话不分轻重，他们先挑不重要的说，说了半天才开始切入正题，这会让听众产生错觉，从而误将前面洋洋洒洒说了大半天的内容当作主要的，而将后面的当作次要的，这样一来，就曲解了说话者本来的目的。

当众说话时，如何让自己的语言表达更有层次感呢？

1. 说话需要按主次顺序而来

通常人们说话都是先说重要的，再说次要的，这样的说话，听众听了就会很清楚所传达的信息到底是什么。因此，当众说话也需要按照这个顺序，千万不能颠倒，否则会让你的说话如同一盘散沙，听众也分不清楚哪些是重要的，哪些是次要的。

2. 逻辑分明，多用连接词

当我们在说到一个问题的时候，需要多用一些连接词，如“首先要树立远大而崇高的理想，其次要制订明确而实际的目标”，明确先说什么，后说什么，体现较强的逻辑性，使整个语言表达过程层次分明。

营造氛围，用激情调动听众的热情

我们都知道，任何一场演讲都由三个构成因素：演讲者、演讲内容和听众，缺一不可。演讲者也只有把自己的演讲与听众联系起来，一场演讲才算是成功的。

我们都知道，我们要作一场成功的演讲，就要在演讲前做足准备工作，除了演讲者热爱自己的题目，要有真诚的态度外，还要把听众的因素考虑进去，就是要让听众觉得你所说的很重要，光我们自己有热情还不够，一定要让听众感受到我们的热情，并且也变得有热情。为此，演讲中，我们要善于巧妙铺垫、营造氛围，以此带动听众的热情。

在一次欢迎加拿大贵宾的宴会上，加拿大总理特鲁多致辞说：

昨天的我观赏了香山枫叶，使我想起了我们国家美丽的秋

天。那枫叶也是我国秋天的美景，大家知道，枫叶还是加拿大国旗上的图案。我请大家尝尝宴会上的糖果，它是从枫叶上提炼出来的，是不是和北京东风市场上的果脯一样甜蜜。

这样的讲话开头典雅、优美，尤其注意到以两国相通的事物来沟通演讲者和听众的情感，具有沁人心脾的最佳效果。

的确，听众是演讲活动中不可缺少的重要方面。演讲是演讲者与听众的双向交流活动。演讲者是信息的传播者，听众是信息的接受者。演讲者离开了听众就失去了对象，演讲活动就无法进行。可见，成功的演讲者既要使演讲成为听众的一部分，也要使听众成为他的演讲的一部分，而其中首要的，便是要了解和掌握听众的心理特点。

可见，营造良好的演讲氛围，可以调动听众的积极性并能够很好地学到演讲技巧。演讲中的“营造气氛”指的是，让听众跟随你的意志走，从主题出发，结合现场的具体情景，针对听众此时此刻的心态和情绪，灵活地调动种种语言手段。

这里讲的“气氛”，就是要带动听众的情绪，和听众达到一种情感共鸣。这里的气氛，可以是活泼的，可以是热烈的，还可以是庄严的……那么怎样营造这种氛围呢？

1. 打破常规、标新立异

人都是有好奇心的，如果在演讲中加入一些能满足人们好奇心的因素，那么，势必能营造出良好的演讲氛围，为此，你需要打破常规，标新立异。但前提是你需要尊重文化传统和思维

习惯。

2. 酝酿浓厚情感，以情动人

曾经有位希望工程的发起者，到北京某贵族学校演讲。还没等他开讲，台下这帮养尊处优的孩子便叽叽喳喳地响成一片，乱成一锅粥。

此时，他见情形不妙，便大声喊了几句，但这种方法似乎根本不见效，于是，他叫来一个在现场的老师，将电闸关掉，礼堂便突然漆黑一片，孩子们随之也安静下来。

这时候，这位发起者“啪”的一声打开了幻灯机，银幕上顿时出现了那张有名的“大眼睛”照片。这些孩子顿时也睁大了眼睛，看着幻灯片上的照片。

“同学们，你们家里有没有照相机啊？”发起者此时突然提问。

“有！”下面齐声回答。

“你们会不会照相？”

“会！”

这时，发起者便指着下面的一位同学问：“请你说说看，照相有什么样的意义？”

“留着做个纪念呀。”

“好！作为留念——那就请大家看看，老师给这些山里孩子们拍的留念照片吧！”

然后，他每放映一张照片，就介绍一个有关失学儿童的故事。

在这里，这位演讲者，就是利用讲述照片来历的故事，既抓住了同学们的注意力，又营造出一种与演讲内容相适应的肃然气氛，使同学们很快进入“规定情景”之中，激发了他们对贫困学生的关注和同情心。

当然，以情动人除了要求说话人自己要动真情之外，还要求说话人善于将自己的真情实感淋漓尽致地表达出来，迅速引起对方的共鸣。说话人必须善于体察对方的心境，用饱含深情的言辞去拨动对方的心弦。

3. 给听众看一场“秀”，营造出亲切可信的气氛

生活中，我们经常会看到一些减肥产品的宣传者会当众说：“站在你们面前的这个美女，她才45公斤，但你们知道吗，她曾经是个重达65公斤的‘圆球’！假若有人需要减肥的话，其实是一定办得到的。她能做到，相信你们也一定能行！”

此话一出，听众肯定会翘首以待听他的“减肥真经”。可见，有时候，演讲的真正含义，并不完全在于“讲”，还在于“演”，如果设计一场秀，与客户互动，就会给听众以亲切、真实、可信之感，这样调动起听众的热情，也就自然增强了演讲的感染力。

总之，如果听众对演讲内容有极大兴趣，便会采取积极、热情的合作态度；反之，则会采取冷漠甚至敌视的态度，演讲就很难成功。因此，演讲者必须在了解听众需求的基础上力求

触发听众的兴奋点和创造欲，才能达到最终目的。而成功的演说者在演说前往往都会进行一番铺垫，与听众互动，以营造让听众乐于倾听的氛围。

第 04 章

脑中有图口中有货：让你的语言具有目的性

一场精彩的演讲，需要用精练准确的语言去表达观点，去打动听众的内心。字字珠玑，演讲者说出的每一句话甚至每一个字词语，都需要经过前期的精心准备，越是简短的演讲，需要准备的时间越长。

开口前梳理讲话内容

我们都知道，演说中需要做很多工作，比如，做调查研究，收集资料等，此外，我们还需要在开口之前打个腹稿，尽量做到万无一失。的确，人的记忆能力与反应能力都是有限的，我们不可能将每一个材料内容都记住，也不可能事先预测到每一个可能发生的意外状况，所以我们只有在开口前在头脑中梳理一遍讲话内容，尽量减少这些问题的存在。

我们先看下面一位大学生的职业规划演讲：

小林是一名即将毕业的大学生，她所学的专业是工商管理，这不，因为学习成绩优异，加上在学校里各方面的表现都很优秀，学校邀请她代表全系同学进行一次职业规划演讲，对此，她准备良久，登台之前，她深呼吸一口气，然后闭目养神，将准备好的讲话内容在脑中预演一遍，然后她大胆地走上了演讲台。

“尊敬的老师，亲爱的同学们：

大家好！我是来自工商管理系的学生××。这里，我想跟大家分享一下我的职业规划。首先明确一下我的职业目标：职业经理人。

第一步，是我的自我分析：我是一个独立、坚强、有责任

心的女生，与人打交道的过程中，我热情、大方，所以大家都比较喜欢我。当然，我的性格里也有一些劣势的特征，比如，缺乏主见，做事不够果断、冲动等。另外，在能力的自我评估方面，我是个有较强的观察分析能力、逻辑思维能力、组织协调能力、交际沟通能力、创新冒险能力的人。这些都是成为一名管理人才必备的能力。

第二步，是我对职业经理人的一些见解。我认为，要成为一名合格的职业经理人要具备‘四能’‘三素’‘双赢’‘一心’这4点。‘四能’就是决策能力、执行能力、组织能力、协调能力。‘三素’就是道德素质、文化素质、个性化因素。‘双赢’强调的是在处理公务、商务、事务中应结盟取胜。‘一心’就是一心放在工作上，对事业精益求精。

当然，这只是规划，实现目标还需要有行动，这就是执行能力。关于我的执行能力，我给自己定的目标是，我在大学期间通过英语四六级，学好专业知识考取人力资源管理师证书。毕业后五年争取进入一家大型外资企业，我想我在这里有充分的发展空间，我会以自己的能力成为部门主管或经理。之后××年我会不断学习充实自己，从中层到高层管理职位晋升，最终实现自己成为高级管理人才的梦想。

‘凡事预则立，不预则废。’我想对于自己的人生规划也是这个道理，因为人生就是一部作品，谁有生活的理想和实现的计划，谁就有好的情节和结尾。不管我的职业规划实现的过

程是何等的艰辛，我坚信通过我的拼搏，我会有个成功的职业人生。”

当她讲完之后，学校礼堂响起了热烈的掌声。

这篇职业规划演讲中，小林从自我剖析、职业理解和行动力方面做了全方位的分析，有理有据，结构分明，让人一目了然。

在大多数情况下，讲话之前都有时间做准备。讲话开始之前，我们应该对自己将要讲的内容预先梳理一番，对于讲话过程中对方可能的回应有所预期并设想好应对方案。所谓有备无患，就是说事先对讲话内容有所准备，对讲话可能引起的反应有所预测，则一不会出现临场心慌、不知所措、语无伦次的尴尬；二不会失去对话时控制场面的主动权，使对方的思维能被自己引导，从而达到让对方理解自己意图的目的。在讲话之前对要讲的内容打好腹稿，预先做一些遣词造句的工作，也可以让自己对要讲的内容应选择什么样的词句事先有所了解。

许多演讲大师在讲演之前，都会对语句的组织做一番精心准备，以便使自己的讲话更准确、更生动。语言，特别是作为表意文字的汉语，词汇特别丰富，语言与情境的关系也非常紧密。如果不事先对自己要讲的内容在文字上做一些准备工作，那么在话语交锋的过程中，就很难保证自己选择的词句是恰当的、是适合当时情境的。语句选择的不当，轻则可能造成理解的误差和障碍，严重的会伤害对方的感情，使谈话无法继续。

实际上，在历史上，那些著名的雄辩家，都有这样的本

事，他们总是能做到让听众与自己产生共鸣，重要的原因是他们能将听众的情感考虑在内，会谨慎选择讲话词语，他们明白自己的演讲是否成功，不是由自己决定的，而是由听众来决定的。

另外，需要注意的是，在打腹稿前，我们最好将可能出现的意外情况考虑在内。毕竟，演讲是讲话者与听众面对面的一种交流和沟通。所谓交流和沟通，我们就不能对听众的感受和反应置之不理。因此，在打腹稿时，我们要充分考虑到演讲过程中可能出现的一些意外情况，以及应付各种意外的对策。

预先对讲话进行总体设计

我们都知道，演讲是一门艺术。好的演讲能激发听众情绪、赢得听众的好感，要做到这一点，就需要演讲者的演讲内容思想丰富、深刻，见解精辟，有独到之处，发人深思，语言表达要形象、生动，富有感染力。事实上，任何熟练的演讲者都会做足准备工作，在演讲前，他们一定会在头脑中事先厘清演讲思绪，因为他们明白，如果演讲时语言平淡无味，观点毫无新意，即使在现场“演”得再卖力，效果也不会好，甚至相反。

所谓演讲构思，顾名思义，对讲话进行构思就是预先对讲话进行总体设计，是对讲话方式、过程、意图等进行的架构。

我们先来看看下面的故事：

已经三十五岁的王先生辞去上一份工作之后，很快应某商场邀约，来这家商场担任楼层主管的工作，这是一家大型企业，所以公司高层负责人希望王先生能在上任之前先做一次就职演说，然而，无论是从知识阅历还是口才方面来说，王先生都显得有点力不从心，本就学历不高、木讷的王先生最后花了将近十天的时间，来准备这次演讲。

这一天很快就到了，走到公司的会议大厅中央，他对所有同事和领导说：

“尊敬的各位领导、各位同仁！

虽然我到××的时间不长，但在这短短的半个月里，我已深深地感受到××这个大家庭的温暖，看到了××的发展前景。我也坚信我能做好这份工作，感谢公司给了我这样一个实现自我价值的舞台，在未来的日子里，我将继续努力，在自己的工作岗位上更加努力地工作，更加刻苦学习，做一个合格的××人。假如大家相信我、信任我，能够给我一次机会，我将在新的岗位上勤勤恳恳工作，认认真真做事，不辜负领导和同志们的希望和重托，将自己的每一份光和热都融入到××的事业中去，脚踏实地地干出一番事业。

最后，我希望，能用你们的信任和我的努力作支撑，共铸××商场明天的辉煌！谢谢大家！”

这番演说里，表达了一个职场新人对做好未来工作的坚定决

心，可谓至真至诚，自然能打动人心，获得同事和领导的支持。

那么，具体来说，我们该如何构思演讲的环节和内容呢？这需要我们从三个方面努力：

1. 整体内容的构思

要做到构思，首先就要你从整体把握。这就要我们根据演讲的目的和场景，确定演讲的主题，并搜罗那些能验证我们观点的材料。在构思的过程中，对材料进行分析与加工，你要确定哪些材料可以用，哪些不可用，以及哪些在加工后才能用，从而使自己讲话的主题建立在充分证据的基础上。这样不但会让讲话内容更充实，也会让自己在讲话时心境更放松，更有自信。

2. 对讲话的结构与过程进行构思

一场好的演讲，必定是气势磅礴的，也就是说，内容好只是其中一个好的方面而已，还需要有好的形式。我们不难发现，即便同样的演讲内容，被不同的演讲者叙述，也会产生完全不同的效果，这是为什么呢？

就是因为他们处理讲话结构的方式不同。一场绝妙的演讲包括开场白、中间部分和收尾，人们常常将这三个部分形象地描述为“凤头、猪肚、豹尾”的式样。

在构思这三个部分时，你需要注意的是，对于第一部分，你不可操之过急，而应该先将听众的注意力吸引过来，然后再展开内容，这一部分要求语言设计巧妙，有吸引人的强烈效果。中间部分则应该层层递进，不断制造高潮，控制听众的思

绪，同时语言要充实、舒展，将要表达的内容完整准确地表达出来。结尾部分则应该用简洁有力的话语迅速收住，不拖泥带水。

3. 关键环节的构思

讲话要引人入胜，还必须巧妙设计一些关键环节。

那么，什么是关键环节呢？要么是对观众兴趣的激扬，要么是对话语内容的强调。幽默、悬念、流辩等话语，是能够让观众高兴、为观众提神的话语，这类话语在整个讲话过程中合理布局，可以让观众处于持续的兴奋状态，是激扬兴趣的关键点。而需要观众认真去听的某些内容，则可以通过重音，通过敲击声，通过向观众提问来提醒他们注意。

总之，讲话是否经过认真构思，将直接影响讲话的水平与效果。构思详细准确，讲话将更流畅、更充实，否则难免在讲话中出现各种纰漏。

做好沟通前的预讲练习

我们都知道，演讲前，要做足大量的准备工作，包括材料的收集和选择、演讲稿的撰写。可以说，这些都是书面文字，而真正的演讲是通过口语来实现的，所以，演讲效果如何，还是要看我们的口语表达能力，为此，我们有必要在登上演讲台之前先进行预讲，以此来了解整个演讲中的语气、节奏等，另

外，预讲能帮助我们熟悉整个演讲的思路与框架，最大限度地减少讲话过程中的思路阻滞，在讲话中发挥更好的效果。

不过，也有一些人以为，演讲考验的是我们的口才，最好是第一次从口中流露出来，而事先练习是不可取的，因为在演讲时会显得不自然，对于演讲者自身来说，也会失去新鲜感。其实这种观点是不正确的，演说是在公共场合发表看法，与我们在平日里的说话毕竟是不同的，更考验我们的口才与逻辑思维表达能力，这需要我们事先练习，而且要不止一次地练习。不得不说，一些演讲者因为只在演讲前看了一遍演讲稿，而在演说中草草发表看法，使得整个演说看起来毫无章法，甚至让听众乏味。

德摩斯梯尼是古希腊著名的演说家，在他的演讲生涯中，他一直比较重视预先练习。

曾经有一次，他为了学习演讲技巧，下定决心，在没有达到目标之前，绝不出门。并且，他还剃光了自己的头发。等到头发重新长出来，德摩斯梯尼走出地下室，成为一个造诣颇深的演讲家。

又如，曾任微软全球副总裁的李开复先生，在刚开始演讲时，他要求自己每月坚持两次演讲，并且，每次都要请一个朋友去旁听，之后给他提出意见。他对自己承诺，不事先排练三次，决不上台演讲。

从以上两则案例中，我们可以看出预演对演讲的重要性，

可以说，预讲是演讲最重要的准备工作之一。如果你已经完成了演讲稿，现在就可以进行预讲了。

依据一般经验，台上演讲一分钟需要你在台下付出一小时的练习时间，要训练自己适应不同环境和不同时段进行演讲，同时运用不同的演示技巧。

预讲可以从以下几个方面入手：

1. 将你的演说内容大声读出来

在准备说话前，你可以先准备一盒磁带，然后边讲话边录入，这样便于调整，纠正一些问题，直至满意，再进行第二步。

2. 准备简单的演讲笔记

即使你在准备演讲稿时已经解决了大量问题，你还是不能照本宣科。因为没有什么会比这样更快地让听众睡着了。你应该直接、自然地面对听众，保持与听众眼神的交流。秘诀是准备简单的演讲笔记，字体要醒目，以便你在演讲的过程中快速地扫视。在讲台上放一块手表，这样便于掌控时间，把握速度，调整内容，让你准时地结束演讲。

3. 站立着讲话

坐在写字台前反反复复地读，与站立着讲话是有千差万别的，因为前者只能算作某种准备，而不是实战演讲。另外，站立着讲话，更能让你获得自信。

4. 回放你的录音带

回放录音带，找出演讲中那些听起来不通顺或者语气词多

的部分，如“啊”或“呃”等，对你的演说内容反复斟酌和修改，直到你认为满意为止。

5. 掌控好整个演说时间

在演练时必须计算出演讲所需要的时间，再看看它是否过长或过短。大部分演练的时间都比正式演讲时要慢，一般来说，演讲时间要比演练时间快25%~50%。

6. 尽量在众人面前练习演讲

这样做的好处是让你减轻在实际演讲中的紧张感。你可以找几个熟悉的并且有见解的人，让他们给你的演讲提出建设性的意见或批评，而不是赞扬。他们明白你演讲的内容吗？你讲的内容有连贯性和逻辑性吗？他们认为你讲的速度是快还是慢？然后根据他们的意见来进一步修改演讲的内容。做上述准备你可能觉得很麻烦，是的，每个成功的演讲人都是这么走过来的。

演讲者在平时可以站在镜子前面练习，或者将演讲录入磁带，再或者为一大群朋友或任何愿意花时间倾听的人演练一场。预讲可以减缓我们的紧张不安，提高演讲效果，帮助我们预控演讲时间，并能使内容更加精练。

戴尔·卡耐基在总结成功的演讲经验时说过：“一切成功的演讲，都来自于充分的准备。”的确，演讲就是如此，没有准备，就是准备失败，时刻注意收集素材，时刻在生活中练习，时刻准备发言。只有这样，才能确保演讲取得更好的效果。

考虑最佳的演讲方式

演讲者在演讲之前一定要确定最合适的演讲方式，或者是照读式演讲，或者是背诵式演讲，或者是提纲式演讲，或者是即兴式演讲。你一定要依据不同的场合来考虑最佳的演讲方式，只有最合适的演讲方式才能为你的演讲增添几分精彩，另外，你可以依据最佳的演讲方式来做好一切准备工作。

主要的演讲方式不外乎下面四种：

1. 照读式演讲，也称读稿式演讲

演讲者只需要拿着事先写好的演讲稿，走上讲台，逐字逐句地向听众宣读一遍。讲稿的内容经过慎重考虑，语言经过反复推敲，结构经过精心安排，而话也讲得比较郑重。它适用于在重要而严肃的场合，如各级党代会、人代会、政协会议等大会报告、纪念重大节日的领导人讲话、外交部的声明等。它的缺点是照本宣科，影响演讲者与听众之间思想感情的交流，一般场合采用这种演讲方式是不会受到听众欢迎的。

2. 背诵式演讲，也称脱稿演讲

演讲者事先写好演讲稿，反复背诵，背熟后上讲台，脱稿向听众演讲。这种演讲方式比较适合初学演讲者，它可以在一定程度上检验和培养演讲者的演讲能力。它的缺点是不便于演讲者临场发挥，使听众觉得矫揉造作，一旦忘词，就难以继续，定会当场出丑。英国首相丘吉尔就曾有一次因背不出讲稿

而栽倒在讲台上的经历。所以，运用这种演讲方式，必须做好充分准备，语言尽量口语化，表达自然，切忌表演的痕迹。

3. 提纲式演讲

演讲者只把演讲的主要内容和层次结构，按照提纲形式写出来，并借助它进行演讲，而不必一字一句写成演讲方式，它的特点是能够很好地避免照读式演讲和背诵式演讲的缺点：演讲者可以根据几条原则性的提纲进行演讲，比较灵活，便于临场发挥，真实感强；同时，它还具有照读式演讲和背诵式演讲的优点，那就是事先对演讲的内容有充分准备，可以有一定的时间组织材料，考虑演讲要点和论证方法。

它只是需要提纲挈领地把整个演讲的主要观点、论据、结构层次等用简练的句子排列出来，作为演讲时的提示，靠它开启思路。这样的方法是初学演讲者进一步提高演讲水平的行之有效的一种演讲方式。

4. 即兴式演讲

演讲者预先没有充分准备而临场生情动意所发表的演讲，它是一种难度最大、要求最高、效果最佳的演讲方式。演讲者可以根据实际情况，针对听众的心理和需要，灵活机动，迅速调动语言的一切积极因素，生动、直观以及形象的感染力，是其他各种演讲方式都无法比拟的。而这种演讲方式需要演讲者具有德、才、学、识、胆诸方面很高的修养，具有很强的记忆力、丰富的想象力和联想力、敏捷的思维能力、大量的语言和

材料储备。

如果不具备这些条件，就使用这种演讲方式，不仅不会取得理想的演讲效果，而且往往还会出现信口开河，漫无边际，逻辑混乱，漏洞百出的现象，这样反倒影响了演讲的效果。

如果你选择照读式演讲，那么一定选择比较庄重、严肃的场合，或者是在重大的节日你作为领导出席讲话；如果你选择脱稿式演讲，那么可以培养自己的演讲能力；如果你选择提纲式演讲，那么你还可以进一步提高自己的演讲水平，并能发挥较好的效果；如果你选择即兴式演讲，那么你一定要具备较强的记忆力、丰富的想象力、敏捷的思维能力、掌握了大量的材料等这些条件，才能使你发挥最高水平。

演讲者可以依据自己所处的场合、时机以及所面对的听众，选择最合适的演讲方式，这样才会发挥出最佳水平。无论选择哪种演讲方式，一定要是最适合你的。

了解听众的需求是做好演讲的前提

演讲中，可以说，一个好的主题是让听众感兴趣、继续听下去的前提。这就如同人际交谈中，好的话题是深入与人谈话的基础，敞开心扉纵情交谈的开端。但是在具体选择话题的时候，要顾及到对方，看清谈话的对象喜欢什么类型的话题。一

个话题，只有让对方感兴趣，谈话才有继续进行的可能。

同样，演讲中，我们也要考虑听众的需求，比如说，如果你自己是听众，你在听别人演讲的时候会做些什么呢？有时认真听，有时会开小差。或许，我们会被迫去参加演讲会，但没有人能迫使一个人听演讲，除非听演讲的人自己愿意听。

任何一场演讲，都包括两个信息——演讲者所传达的信息和听众接受的信息。在我们演讲的时候，即使听众在认真听，也并不代表他们接受了所有信息，这是为什么呢？因为人都是以自我为中心的，都会把注意力放到自己关心的话题和一些有意义的信息上。

《庄子秋水》中讲了这么一个故事：

庄子和惠施在濠水的一座桥梁上散步，庄子看着河中的鱼儿说："鱼儿在水里自由地游来游去，它们真快乐呀。"

惠施反驳说："你又不是鱼，怎么能够知道鱼儿的快乐呀？"

庄子说："你又不是我，你怎么知道我不知道鱼儿的快乐呢？"

惠施哑口无言。

庄子是十分机智的，他的话不多，却抓住了对方言语之中的漏洞，用短短的一句话就让惠施哑口无言了。同时也给自以为很聪明的惠施一个当头棒喝。

从这个故事中，我们可以读懂一个道理，每个人性格、身份、年龄的不同，看待问题的着眼点也不尽相同，这就要求在

说话的过程中注意对方感兴趣的所在，抛开一些没有实际作用的大道理，用对方感兴趣的话去调动他的激情，这样就会达到事半功倍的效果。

因此，要想更好地掌握演讲技巧，就必须做好听众的需求分析。这里，我们需要考虑的几点是：

1. 听众的爱好

作为演讲者，假如你喜欢军事，而听众群体是摄影爱好人士，你和听众大谈军事，听众却对军事一窍不通，就等于是对牛弹琴，你津津有味地说了半天结果发现听众根本听不懂，你的心情不会好，同样听众的心情也不会好。这就注定了你的演讲是失败的。

2. 听众的职业

假如你今天要做的是一场针对销售员的演讲，听众的需求是学习销售技巧，听众的目的是希望通过聆听你所传达的实用技巧提高销售业绩。同时，他们也希望获得老板和同事的认同，如果你能考虑这点，那毫无疑问是最成功的演讲。

3. 听众的年龄

在设计演讲稿的时候，你就要将听众的年龄考虑在内，一般而言，那些年纪稍大的人可能更爱面子，他们会因为害怕答错而不愿意与你配合，在演讲这样的场合通常选择沉默。

4. 听众的文化程度

在你的演讲群体中，如果同时存在初中生和本科生，那

么，你要明白，他们希望从你的演讲中获得的信息是不同的，在设计演讲稿的时候，你就要将大多数者考虑在内，甚至可以在演讲前把这个观点讲给听众，以免引起误解。

5. 听众的意愿

演讲者要明白台下听众的听讲意愿很重要，有些听众是自愿来听演讲的，而有些听众是被迫来听演讲的，有些听众则是抱着试听的态度，有些听众是很想从演讲中学到知识的，还有些听众是从未听过演讲来凑热闹的……面对这些不同态度的听众，我们需要做好应对的准备和预案。

总之，我们需要掌握听众已经知道、相信和关心的东西。人们只能够以自己的经验来理解事物，同时也说明不管是演讲还是和别人沟通，必须深入了解他们的需求，这样才会更好地掌握演讲技巧，取得好的演讲效果。

了解听众的需求是做好演讲的前提，现代社会的演讲要求演讲者不能再以自我为中心。无论是收集材料、撰写演讲稿还是预讲，演讲者都要重点考虑大多数人的需求，考虑他们的兴趣，满足他们深层次的心理动机。否则，你的演讲就变成了自说自话，最终变成一个人的舞台和独角戏，不会引起台下听众的共鸣。

第 05 章

增强语言表达能力：让你想说的话总能脱口而出

或许我们经常会遇到这样的情况，想说什么事情却总是感觉表达不出来，说一件事别人却难以听清楚，说话时含糊不清，这其实就是表达能力的缺失。要想开口说重点，就需要锻炼语言表达能力，让自己想出的话脱口而出。

话语简洁有力，往往直入人心

正所谓“言不在多，达意则灵”，那些简洁而又有力道的话语，往往更能深入人心。说话简洁使人愉快，令人喜欢，这样更容易被人接受；相反，说话冗长累赘，就会使人厌烦，也达不到预期的沟通效果。所以，我们在日常交际中，要善于说一些简洁而有力道的话语，这样才能直入人心，达到征服人心的目的。

从前有个客商新开一家酒店，为了招揽顾客，特备厚礼请几个秀才为他写一块招牌。甲秀才大笔一挥写下了“此处有好酒出售”七个大字。众秀才议论纷纷，乙秀才说：“‘此处’二字太啰唆。”丙秀才说：“‘有’字也属多余。”丁秀才认为酒好酒坏顾客自有评价，“好”字应当删去。这时甲秀才带着几分怒气认真地说：“如此说来，还是干脆只留个‘酒’字算了。”众秀才频频点头赞许，大家也欣然接受。

很多人说话有一个明显的弊病，那就是非常啰唆，他们把一些极为简单的问题复杂化。本来可以三言两语就能说清楚的问题，他非要重复无数遍，结果越说越离谱，自己也搞不懂在说什么。其实，我们从一个人的说话能够看出这个人的做事风格，说话简洁而有力道的人，大多就是自信心很强、办事果敢

的人；而那些废话连篇的人，则通常都是思维比较迟钝，做事也显得犹豫不决、优柔寡断。

比如，在联合国开会，每个人发言都有限时，所以大家的发言稿一般都很简练，但是一样能够赢得满堂的掌声。有的人会错误地认为，讲话时间长短与重视程度有关，所以他们在没多少实质内容的讲话上，为了体现自己的重视程度，就反复强调一个问题，造成空话、套话连篇。实际上，我们说："有话则短，无话则不讲。"讲话短小些、精辟些，这在当今工作的快节奏和社会信息交流频繁的时代，是非常受人欢迎的。

那么，如何说话才能简洁而有力道呢？

1. 删繁就简

要想自己说话简洁而有力度，就需要"删繁就简"，说话要简洁，势必删掉那些冗长的、反复的词汇，尽量把复杂的话简单地说出来，这样才会简单易懂，才能直入人心，继而有效地影响他人心理。

2. 尽可能使用准确的词语

福楼拜说："任何事物都只有一个名词来称呼，只有一个动词标志它的动作，只有一个形容词来形容它。如果讲话者词汇贫乏，说话时即使搜肠刮肚，也绝不会有精彩的谈吐。"我们在平时的语言积累中，要尽可能地掌握更多的词汇，这样才能说出简洁而有力道的话。

3.培养自己的分析能力

许多人习惯于说话啰唆，就在于他缺乏一定的分析问题的能力，我们要学会透过表象把握本质，善于分析问题，善于概括，在这样基础之上形成的语言，才会更精准、更有力道、更深入人心。

提高语言表达的连贯性

活动主持人的一项很重要的任务就是负责搭桥连接、过渡照应、承上启下，把整个活动连缀成一个有机的整体。主持人在这个过程中，能够通过自己较强的应变能力、卓越的口才、高超的组织概括水平，有条不紊地完成各项任务。一个活动通常会分为几个环节，在每个环节都需要主持人说话，在这个“点”上所说的话语也就是承接性的语言。作为主持人来说，需要灵活地把握这些承接性的语言，让整个活动连贯进行，否则上下不连接，就会分散活动的各个环节，给听众一种松散的感觉，以至于他们根本无法确定活动的真正主旨。

主持人所用的连接语言具有承上启下的作用，先对前面的发言或活动中最精华的部分予以概括和肯定，画龙点睛，为后面作好铺垫，然后按照后面活动的特点，渲染蓄势，呼之欲出，让听众感到贴切自然，顺理成章。当然，由于活动的类型

不一样，语境也不一样，是否采用这样的连接语言，连接语言是长还是短，这都需要按照实际情况而定，不能照搬理论。

那么在实际活动中，我们通过什么样的语言来进行巧妙连接呢?

1. 评议

虽然主持人不应该喧宾夺主，大发议论，但还是应该担负起“主持”的责任，在恰当的时候，需要对前面所说的话进行评议，适当地插话，以引申纠偏，耐人寻味。

2. 设疑

不同观点的讨论、碰撞可以把人们的认识引向深入，而智慧和情感的火花往往在碰撞中显现出来。因此，主持人要善于发现不同的观点，善于巧妙地控制对话的进程，设置疑问，引起听众对下面活动进程的兴趣。

话多不如话少，话少不如话巧

在生活中，如果面对一个冷静的倾听者，你就会逐渐知道很多事情，并且对他产生一种好感；反之，如果面对一个喋喋不休的人，你就会觉得整天就像是和一只鸟待在一起，心里不自觉地想逃离。俗话说“话多不如话少，话少不如话巧”。少说话虽然有好处，但人既然在社会中，要与人交流，就应该说

话。若要说话，就应该掌握“话少不如话巧”的技巧。我们在任何场合说话，都要言之有物，否则便应少说，要说则说自己经验过的感慨之话，说心灵深处衷心之话。那些自己无把握的话不要说，言不由衷的话不要说，无中生有的话不要说，恶言恶语不要说，伤感情的话不要说，造谣中伤的话不要说，粗言腐语不要说。在日常生活中掌握说话的量，在一些特殊的场合更要做到言简意赅，不要夸夸其谈，滔滔不绝。

据说朱元璋当皇帝以后，想攀附他的昔日伙伴很多，其中一位来到朝廷之上对他说道：“我主万岁！当年微臣随驾扫荡庐州府，打破罐州城。汤元帅在逃，拿住斗将军，红孩子当兵，多亏菜将军！”朱元璋没想到此人还算聪明，把话说得得体、含蓄，并没有让自己丢脸，于是心里很高兴，回想起当年大家饥寒交迫时有福同享、有难同当的情形，心情很激动，立即重重封赏了这位老朋友。

得知那人得到封赏的消息，另一个当年有恩于朱元璋的伙伴心想，自己有恩于他，朱元璋应该会给自己更多的封赏。于是，他也来到京城求见朱元璋，朱元璋同样很高兴地接见了他。正当朱元璋要宣布重重封赏他时，他不知是紧张还是高兴的原因，于是站起来指手画脚地在金殿上说道：“我主万岁！你还记得吗？那时候咱俩在一起放牛，有一次我们在芦苇荡里，把偷来的豆子放在瓦罐里煮着吃，还没等煮熟，咱们就抢着吃，结果把罐子都打破了，豆子撒了一地，您只顾从地上捡

豆子吃，一不小心红草根把您的喉咙卡了，还是我出的主意，叫您吞下一把青菜，才把那红草根带进肚子里的……”

他还在继续说着，但这时朱元璋早已变了脸色，心想这人竟敢当着文武百官的面出自己的丑，哭笑不得，又气又恼，为了维护自己的面子，只有喝令道：“哪里来的疯子，来人，给我把他拖出去砍了！”

上面故事里的两个人，同样的条件，一个人因为凭借着三寸不烂之舌而升官发财；而另一位不会说话的人却因话太多，而又言语不当遭到灭顶之灾。可见，言多必败，话多不如话巧重要。

明武宗的时候，秦藩请求加封土地，而他所要求的那块土地具有十分重要的战略意义，紧密关系到社稷民生，但是由于皇帝受人撺掇，已经表示同意了，于是皇帝命令大学士们起草一个加封的诏书。而梁文康奉命起草了这份诏书，聪明的梁文康为了劝说皇帝能够收回成命，他在诏书里把整个事情的利害关系说得相当清楚，他这样写道：

过去皇太祖曾诏令说：“这块土地不能封给藩王，不是吝啬，而是考虑到它的地广物丰，藩王得到后一定会多养士兵马匹，也一定会因为富庶而变得骄纵。如果这时候有奸人挑拨引诱，就会行为不轨，有害于国家。”现在藩王既然恳请得到了这块土地那么就加封给你吧。但是得到此地之后，不要在此地聚集奸人，也不要在此地多养士兵马匹，更不要听信坏人的唆

使，图谋不轨，扰乱边境，危害国家，否则，到那时就不能保全自己的妻子儿女了，请藩王在此事上慎之又慎，不要疏忽大意。

当皇上看到这份诏书就很忧虑，觉得还是不要把此地封给藩王为好。梁文康在这里巧妙地劝说了皇上不要把土地分封给藩王，从而阻止了土地的滥封。其实，在很多时候，与其喋喋不休地对别人进行劝说，还不如通过一些巧妙的方法尽心适当点拨。这就是“话多不如话巧”的道理。

1. 既要说话，也要说得巧

既要说话，又要说得巧，这实在是一门艺术。所以，我们在任何地方和场合，最好能少说话，但是如果到了非说不可的时候，那你就应该注意自己所说的内容、意义、措辞、声音和姿势。

2. 什么场合该说什么话

作为一个领导，在什么场合，应该说什么、怎么说，都值得自身认真思考。无论你是探讨学问，还是接洽生意、交际应酬或者娱乐消遣，从你口里说出的话，都一定要有重点，要具体、生动，要做到言之有物，才能使听众信服。

突出重点，篇幅短小精悍

即兴讲话有一个明显的特点是：突出重点，篇幅短小精悍。即便你准备好了长篇大论，也没有多余的时间留给你。在

许多活动场合，通常即兴讲话都是很短小的，有的花三五分钟，有的则只是寥寥数语，因为讲话的目的只是迎合活动的需要，换句话说，其实就是突出重点，千万不要觉得自己口才水平还可以，逮着时间就开始长篇大论，唯恐少说几句无法表达出自己内心的思想。实际上，即兴讲话通常是在活动或会议现场进行的临时讲话，这就意味着讲话并不是整个活动的主旨，而只是活动或会议的一部分，如果你占据了太多的时间用来即兴讲话，无疑是本末倒置，而且听众也会对你那自以为了不起的讲话感到厌烦。

1950年6月2日，法国驻德国大使朗索瓦·庞赛在两国市长参加的联席会议上发表讲话：

“联邦主席先生，市长先生，法兰西的市长先生们：

我以十分愉快的心情接受德法两国市长会议的邀请，前来参加闭幕式，对能借此机会重游斯图加特感到高兴并表示由衷的感谢。

不瞒大家说，每当我回想起我第一次是怎样在贵国的城墙下度过的生活，我就无法抑制内心的感触。联邦主席先生知道我这个人比较容易伤感。可是还有什么地方能比斯图加特更令人感到舒适的呢？那次露宿城下距今差不多已经是半个多世纪了。1902年，当我还是个年轻的中学生时，就来过斯图加特这个神奇的地方。

……

由于我的独特经历，由于我对斯图加特独特的感情，所以，我始终把德法两国及两国人民的互相理解放在心头，作为大使，我要谋求的正是这一点。”

初看这样的即兴讲话，可能会以为朗索瓦·庞赛花了太多的时间来回忆自己的过去，但是整个讲话用了极短的时间，前面回忆自己曾在斯图加特的经历，以此为后面突出重点内容奠定基础，表达出“我始终把德法两国及两国人民的互相理解放在心头”的话题主旨。

在剑桥大学的一次毕业典礼上，整个大礼堂里坐着上万名学生。他们在等候伟人丘吉尔的到来。在随从的陪同下，丘吉尔准时到达，并慢慢地走入会场，走向讲台。

站在讲台上，丘吉尔脱下他的大衣递给随从，接着摘下帽子，默默地注视着台下的观众。一分钟后，丘吉尔才缓缓地说出了一句话：“Never Give Up！”（“永不放弃！”）

说完这句话，丘吉尔穿上了大衣，戴上帽子，离开了会场。整个会场鸦雀无声，霎时间掌声雷动。

这是丘吉尔一生中最后一次演讲，也是最精彩的一次演讲。他仅仅用了几个字，就将自己要演讲的内容说了出来，语言贵精不贵多，丘吉尔就是用简洁的语言达到了这个目的。

当然，即兴讲话不需要长篇大论，也并不是说你只需要两三句话就搞定，根本不需要考虑什么重点。在即兴讲话中，不仅需要篇幅较为短小的讲话，而且需要一个能凸显出重点的讲

话。即便你只简短地讲了几句，但若是胡乱扯了几句，毫无重点，那么讲话也是失败的，吸引不了听众。可以说，即兴讲话其实就是浓缩的精华。

1. 突出主题

无论在什么场合、什么时候的讲话都需要有自己的主题，这个主题与现场的活动或会议是密切关联的。即使你只说了简单的几句话，也需要显现出话语的重点，或表达自己心情的喜悦，或表达对当事人的祝福等等。

2. 将语言尽可能浓缩

即兴讲话最多也就是三五分钟，冗长的讲话会令人生厌，而且还可能影响到现场活动或会议的进行。因此，在发表即兴讲话之前，需要尽可能地浓缩自己的语言，言简意赅，只要能将话说到点子上，哪怕只有一句话也行。

用大实话诠释大道理

即兴讲话要注意语言的通俗化，就是要适合听众的接受水平，尽量使用大众化语言，通俗易懂，容易让人理解和接受。在讲话的时候，需要深入浅出，用大实话诠释大道理；要追求喜闻乐见，迎合听众需求，激起听众产生共鸣，增强感染力、吸引力；语言要形式多样，增强直观性、体验性、娱乐性。假

如发表即兴讲话时总是长篇大论，讲着高深莫测的道理，虽说经常引经据典，却略显生硬，甚至官话、套话连篇。这样的即兴讲话其结果往往是事倍功半，下面的听众往往如同坠入云雾，不知所云。

当然，通俗并不是庸俗。它主要是指语言的朴素、自然，接近大众，不装腔作势，没有八股腔调，没有呆板的说教，更富有启发性和吸引力。有时候，通俗化的语言更能够有效地向听众传达一些信息。许多讲话者只是单纯地求奇、求新而卖弄辞藻，用了一些艰涩的专业术语，这让听众听起来十分吃力。而有些讲话大多是通俗易懂，生动活泼，话语中没有多少华丽的辞藻，听众却是一听就懂。

如果我们在即兴讲话时，能将深奥难懂的理论简明扼要地用明白话概括出来，然后逐一讲解，相信下面的听众就再也不会有似懂非懂、云里雾里的感觉了。

某领导在与一位新闻工作者交谈时说：

你看过老鹰抓小鸡吗？老鹰不是瞎撞乱碰就能把小鸡抓住的，而是先在天空中盘旋飞翔，发现地面上的小鸡，再俯冲直下，抓住后就腾空而起。老鹰盘旋飞翔是在做调查研究，看准目标，以便一下子就抓住。记者的工作方法，要学老鹰抓小鸡，先做好周密的调查研究工作，发现典型事例或问题，就要深入下去，抓住不放，直到采写成功……你们写的新闻，就像棉花一样，占的地方很大。一斤铁块，体积很小，你挤不出什

么空气和水分。一斤棉花，放在那里一大堆，用手一挤，多数是空气，是虚的。新闻要写实的，文字要精练，要写铁块式的新闻，反对棉花式的新闻。

在这段即兴讲话中，领导用贴切的语言、新颖的比喻，形象通俗地讲述了记者的工作方法问题，让听众听了很受启发。

那么在即兴讲话中，如何才能做到通俗易懂、深入浅出呢？

1. 讲大众话

即兴讲话，应该多贴近生活，多沾“泥土”气息，多点平和之气，多说一些务实、亲民、通俗易懂的“民语”。贴近听众生活的语言才是最为生动鲜活的，因此在讲话中不妨适当引用一些在生活中广为流传的俗语、谚语、顺口溜等大众语言。

2. 讲明白话

即兴讲话首先就是靠人的听觉接受的，要想让听众听得清楚、听得明白，讲话者就要尽量少用那些晦涩难懂的书面语，多讲一些通俗易懂的明白话。语言要做到通顺流畅、语气很自然、节奏明快，说出来朗朗上口，下面的听众听起来也就悦耳悦心。

3. 讲实在话

有的人在即兴讲话时，就是不会讲实话，只会教条式地把一些话搬出来，显得空洞无物。在发表即兴讲话时，你可以用生活中很浅显的道理来表达自己的想法，实实在在，就会让人清楚地明白你所想表达的意思。因此，要尽量多讲实在话，少说一些冠冕堂皇的话。

第 06 章

用嗓音抓住心神：让你的言辞更入听者心

在实际讲话过程中，除了讲话内容，还有讲话者的声音也是影响沟通的要素之一。好的声音是可以修炼的，比如，声音的浑厚、大小、语言停顿等，只有用嗓音抓住听众心神，才能让言辞更入人心。

声音饱满有力，掷地有声

现代社会，我们与人交流，就免不了要使用语言，其中也包括在众人面前的语言活动，比如演讲。任何一个人要想取得某个领域的成功，都必须具有出色的演说能力，这也是其口才的重要显现。

演说，是指在公众场所，以有声语言为主要手段，以体态语言为辅助手段，针对某个具体问题，鲜明、完整地发表自己的见解和主张，阐明事理或抒发情感，进行宣传鼓动的一种语言交际活动。所以，构成演讲的一大重要要素就是——面对众人说话。衡量一个人演讲是否到位，关键问题还在于其心理素质是否过硬，也就是自信与否，而展现在听众面前的一个重要方面就是说话声音。估计任何出色的演讲者都有过这样的体验：在初次演讲时，会因为紧张而不敢大声说话，甚至说话语无伦次。这些人之所以能成功，并不是因为他们在多次的演说中都能消除紧张，而是因为他们善于把紧张的程度控制在最小的范围之内。试想，如果一个人连最基本的心理调节都不能做到，又谈何说服听众呢？

可见，一个人要做到演讲时掷地有声，就要自信满满、底气十足。

法拉第不仅是英国著名的物理学家和化学家，也是著名的演说家。他在演讲方面取得的成功，曾使无数青年演讲者钦佩不已。当人们问及法拉第演讲成功的秘决时，法拉第说："他们（指听众）一无所知。"

从此，这句格言就作为法拉第的演讲秘决而流传于世，对不少演说家的成长产生过不小的影响。这里，法拉第并没有贬低和愚弄听众的意思。他说的这句话只是启示演讲者，必须建立演讲获得成功的信心。

同样，生活中的人们，在演说中出现一些负面心理也是在所难免的，但如果你能在演说中做好心理调节，和法拉第一样做到"目中无人，心中有人"，把注意力集中到演讲的要点上，就能在长我自信、自我放松的同时，以洪亮的声音吸引听众，赢得听众。

一般来说，一个人音色是否洪亮，是由两个要素决定的：

1. 把控好音量，大小适中

音量是指声音的强弱、大小。一些人在与他人说话的时候，控制不好自己的音量，造成了两种极端，一种是音量过大，会造成身体消耗大，又不能恰当地表明自己的含义；另一种是音量太小，是一种不自信的表现，也不容易让听者听清含义。

正是因为有以上两种情况的出现，音量的把握为此也需要一定的训练，在训练的过程中要注意以下几点：

①无论你处于什么样的场合下音量都要适中。

②要遵循一个原则，讲话时要让听众毫不费力地听清，因此，如果空间大，人数多，可适当提高你的音量。

③要根据说话的氛围和情感基调来确定你的音量。

④根据朗诵内容的长短来确定音量的大小。朗诵内容较短，一般来说，音量可以稍大，如果内容较长，一般来说，音量可以稍小。这样做的好处是可以保护自己的嗓音，因为长时间大声说话会使嗓音嘶哑。

2. 把握音高

在了解音高这一含义之前，我们先要知道什么是音域，所谓音域，指的是某一乐器或人声所能发出的最低音到最高音之间的范围。音高，则是指人讲话时所使用的音域。

人的声音都是从声带发出去的，而每个人的声带情况不同，再加上每个人的发音技巧、音域不同，音高也就不同。

但需要注意的是，每个人的音高也是可以把握的，尤其是在起音的时候，不应太高或者太低，起音太高或太低，会给后面的朗诵带来困难，或者高的朗诵不下去，或者低的听不清楚。一旦不小心出现了起音偏高或偏低的情况则应及时进行调整。

总之，以声音为主要物质手段的语音的要求很高，既要能准确地表达出丰富多彩的思想感情，又要让对方产生信任感。为此，演讲过程中，演讲者应根据说话的内容，把握说话的力度，做到沉郁有力，使人感到音节错落有致。

语速快慢有致，有效传情达意

生活中的人们可能都发现了这一点，在我们的周围，每个人虽然有固定的说话方式，但语速却不是相对固定的，往往快慢有致，这样才能有效地传情达意，又能令对方感到悦耳动听；如果语速不当，缺乏快慢变化，始终保持一个速度，那就很难准确、恰当地表达出自己的想法，也会使对方感到不耐烦。

任何一个演讲高手都明白一点，在增强声音的感染力方面有一个很重要的因素就是讲话的语速。讲话时，若语速太快，所传递的气息就是急促、不安、紊乱的，也会给对方不安的感觉，所造成的气场就不可能温馨。而且，对方可能还没有听清楚你在说什么，你的话就已经结束了。

所以，脱稿演讲中，演讲者只有说话轻重缓慢适宜，吐字清晰有力才能使语意分明，声音色彩丰富，语气生动活泼，语言信息中心突出，从而引起听者的注意，引导听者的思路，易于被人理解和接受。说话太轻，容易使听者减少兴趣；说话太重，也容易给听者突兀的感觉。

要达到这一效果，需要演讲者从语速、节奏、吐字三个方面努力：

1. 语速

脱稿讲话中，倘若说话者从头至尾一直以相同的速度来进行，听众会昏昏欲睡的。因为说话的速度也是演讲的要素。如

果你希望演讲的气氛是沉着的，就要稍微放慢你的语速，标准大致为五分钟三张左右A4原稿。

演讲的速率一般可分为快速、中速、慢速三种：

①快速：叙述事情的急剧变化，质问、斥责、雄辩的语态；急促、紧张、激动、惊惧、愤恨、欢畅、兴奋的情绪情感状态……

②中速：一般性说明和叙述变化不大的感情。

③慢速：抒情，议论，叙述平静、庄重的事……

演讲时运用恰当的语速说话，是控制语调的主要技巧。在需要快说时，语速流畅，不急促，使人听得明白；在需要慢说时，不能拖沓，要声声入耳。语速徐疾、快慢有节，才能使言语富于节奏感。听者处在良好的倾听环境里，才能不疲劳，并且增强语言的感染力。

想要科学的发音，就要学会运气，一些演说者只要说话时间长一点就会出现中气不足，甚至头晕眼花，甚至声音嘶哑，此时，只需把气量集中到喉头，使声带受压，变成喉音。

2. 培养恰如其分的节奏

节奏在口语中起着重要作用，它也决定了演讲的成败。很简单，即便是在日常的口语交流中，人们说话都会呈现出速度的快与慢、情绪的张与弛、语调的起与伏、音量的轻与重等，变化对比，就形成了节奏。

节奏不是外加的东西，它取决于说话的内容和交谈双方的

语境，靠起伏的思绪遣词造句，靠波动的情感多层衍进。

节奏主要表现人的心理的运动变化，不同的口语节奏具有不同的形象内涵和不同的感情色彩。适当的节奏，有助于表情达意，使口语富于韵律的美感，加强刺激的强度。

在演讲中，常见的节奏有持重型、轻快型、急促型、平缓型、低抑型等。

别忘了演讲中也有标点符号，适当的停顿不仅会显得张弛结合，同时能给听众提供一个理解回味的时间，集中他们的注意力。另外，掌握节奏的快慢有助于控制演讲的时间，同时也是传递感情的一种方式。

3. 吐字清晰有力

演讲的语言从口语表述角度看，必须做到发音正确、清晰、优美，词句流利、准确、易懂，语调贴切、自然、动情。

（1）发音正确、清晰、优美

演讲时，对以声音为主要物质手段的语音的要求很高，既要能准确地表达出丰富多彩的思想感情，又要悦耳爽心，清澈优美。为此，演讲者必须认真对语音进行研究，努力使自己的声音达到最佳状态。

一般来说，最佳语言是：

①准确清晰，即吐字正确清楚，语气得当，节奏自然。

②清亮圆润，即声音宏亮清越，铿锵有力，悦耳动听。

③富于变化，即区分轻重缓急，随感情变化而变化。

④有传达力和浸彻力，即声音的响度有一定的力度，使在场听众都能听真切，听明白。

演讲语言常见的毛病有声音痉挛颤抖，飘忽不定；大声喊叫，音量过高；音节含糊，夹杂明显的气息声；声音忽高忽低，音响失度；朗诵腔调，生硬呆板等。所有这些都会影响听众对演讲内容的理解。

（2）词句流利、准确、易懂

听众通过演讲活动接受信息主要诉诸听觉作用。演讲者借助口语发出的信息，要让听众立即能理解。口语与书面语之间有较明显的差距。有人说，书面语是最后被理解，而口语则需立即被听懂。

演讲时，你只有做到轻重缓慢适宜，吐字清晰有力才能使语意分明，声音色彩丰富，语气生动活泼，语言信息中心突出，从而引起听众的注意，引导听众的思路，易于被人理解和接受。

语调是语言表达的第二张“王牌”

希腊哲学家苏格拉底说：“请开口说话，我才能看清你。”人的声音是个性的表达，声音来自人体内在，是一种内在的剖白，因此，你的声音中可能会透露出畏惧、犹豫和缺乏

自信，也可以透露出喜悦、果断和热情。我们说话的声音，也必须和音乐一样，只有渗进人们心中，才能达到让别人信服的目的。事实上，一个人说话时给人的印象，肢体动作占55%，语调占38%，内容只占7%。所以，说话时语调非常重要。对于说服力要求更高的脱稿演讲，语调更应该引起演讲者的重视。

人们常说，语调是语言表达的第二张“王牌”，口语表达的重要手段，它能很好地辅助语言表情达意。什么是语调？语调，就是说话的腔调。从严格定义上说，语调应表述为整句话和整句话中某个语言片断在语音上的抑扬顿挫，包括全句或句中某一片断的声音的高低变化，说话的快慢（即音的长短和停顿）以及轻重等。在脱稿演讲中，语调往往比语义能传递更多的信息，能对听者的心理产生极其微妙的特殊作用，因此也更为重要。

如果演讲者的语调从头到尾都是平的，听众就会觉得很枯燥。就像听歌，假如一首歌从播放开始，就是同一个调子，人们自然就失去了继续听下去的欲望，相反，假如这首歌抑扬顿挫、旋律优美，对方就觉得是在享受一段音乐。所以，脱稿讲话过程中，如果你的语调一直没有任何波动，那么，对方也就失去了兴趣。

在波兰，有位被人称为摩契斯卡夫人的女明星。

有一次，她到美国参加演出，台下的观众兴致高涨，希望她能用波兰语将台词念出来，听到观众的邀请，她站起来，开始用“流畅”的波兰语念出台词。虽然观众们根本听不懂波兰语，但却听得很认真，也非常愉快。

摩契斯卡夫人接着往下念，随着台词中情节的变化，她的语调渐渐转为低沉，最后在慷慨激昂、悲怆万分时戛然而止。顿时，台下鸦雀无声，同她一起沉浸在悲伤之中。而这时，台下传来一个男人的笑声，他就是摩契斯卡夫人的丈夫——波兰的摩契斯卡伯爵，因为他的夫人刚刚用波兰语背诵的是九九乘法表！

从这个故事中我们可以看到，语调竟然有如此魅力。如果我们能巧妙地利用语调，即使听众不明白你演说的具体含义，也可以使之感动，甚至可以完全控制对方的情绪。

对于演讲者，只有把你的话说到听众心中，才能取得良好的演讲效果。同样一句话，由于语调轻重、高低长短、急缓等的不同变化，在不同的语境里可以表达出种种不同的思想感情， 一般来讲，表达坚定、果敢、豪迈、愤怒的思想感情，语气急骤，声音较重；表达幸福、温暖、体贴、欣慰的思想感情，语气舒缓，声音较轻；表示优雅、庄重、满足的思想感情，语调前后弱中间强。只有这样，才能绘声绘色，传情达意。

一个高明的演讲者，是能准确把握各种语调的变化，并能巧妙地加以运用的。我们在演讲时，如果只抓住了字词的表面意义，那么只是用“借来的字词”在传达而已，并不能起到感染听众的作用，为此，我们应该把这些字词的意义充分地表达出来，加上对它们的爱，这样的表达才是完整的，我们的感情

才能充分地表露出来。那么，怎样才能使语调生动有趣呢？

1. 掌握富有特色的各种句调

一句话之所以富有表现力，是因为它富有变化性——高低不同，快慢不一。而声音的高低取决于声带的松紧，声带拉紧，声音就变高；声带放松，声音就变低。声带的松紧是可以控制的，因此，声音的高低也是可以改变的。为此，便有了句调的概念，一句话声音的高低变化叫作句调。句调是语调中主要的内容。句调可分升调、降调、曲调、平调四种。升、降、曲、平四调，各具特色。只有掌握了句调的特点，才能灵活地表达出各种句调。

因此，我们演讲时，要使我们的话如同音乐一样动听，就要注意快慢高低。比如，在表示有疑问的时候，你可以稍微提高句尾的声音；要强调的时候，声音的起伏可以更大些；要表现强烈的感情时，可以把调子降低或逐渐提高。

2. 让你的语调抑扬顿挫

语调越多样化，越生动活泼，其吸引力就越大。所以，对于语调，我们要有分寸感，每句话都可以用不同的语调来说，但是不同的语调给人的信息刺激也是完全不同的，这一点是我们需要注意的。

总之，我们在脱稿讲话时，绝对不要使你的语气单调，因为音阶的变化会加强你的说服力。你的热情会在音阶的变化中展现，并且能够感染听者，从而产生说服的力量！

语气拿捏到位，准确表露内心情感

语气是实现语言主体对象化的重要手段之一，表示说话人对某一行为或事情的看法和态度，它是思想感情运动状态支配下语句的声音形式。因此，在演讲的时候，我们应该将语气拿捏到位，如此才能准确表露自己内心的情感。

一个人说话的语气，是承载这句话的基础，它所包含的内容会让这句话所传达的情感更加丰富。当别人笑着很亲切地说："真是一个浑蛋！"你可以把这句话当成一句玩笑，但同样是这句话，当人们咬牙切齿地说出来时，你就要认真对待了，否则很可能最后会酿成一个悲剧。很多时候，一句话并不是光用耳朵听就可以明白的，还需要用眼睛去看，用心去想，最终你才能理解这句话的含义。

心理学家认为，在人与人之间的沟通中，无声语言所展现出来的意义，要比有声语言多得多，而且深刻得多。语气就属于一种无声语言。曾有国外的心理学家还对此列出了一个公式：人与人之间的信息传递=7%言语+38%语气+55%表情。对这个公式所表达的言语、语气、表情在信息传递中信息承载量的比例尚可作进一步的研究和探讨，但它确实强调了语气能表达一个人内心的情感的作用。

可见，语气在表意方面往往会产生意蕴言外的特殊功效。在日常工作中，不少人往往能通过语言准确地表达自己的情

感，这通常与其采用的语气息息相关。同样，在我们的脱稿讲话中，也可以运用其表露情感，达到讲话目的。我们先来看下面的故事：

文学大师郭沫若曾创作一部历史剧，名叫《屈原》，抗日战争时期，郭沫若先生曾在台下看《屈原》的演出。

台上，婵娟痛斥宋玉："宋玉，我特别恨你，你辜负了先生的教训，你是没有骨气的文人！"

郭老听后，感到"你是没有骨气的文人"这句话，骂得还不够分量，就走到后台去找扮演"婵娟"的演员商量："你看，在没有骨气的后面加上'无耻的'三个字，是不是分量会重些？"这时，正在一旁化妆垂钓者的演员张逸生，灵机一动，插了话："不如把'你是'改为'你这'，'你这没有骨气的文人'，这就够味了。"郭老拍手叫绝，连称："好！好！"

只不过是一字之改，就使原来的陈述句变成了态度坚决的判断句，同时，使语言形成了强烈的感情色彩，语气也更加有力，婵娟的愤怒之情溢于言表，这样的语言也更容易激发观众的憎恨情绪，达到触动观众内心的目的。一个人在面对不同的对象，能够恰当地使用相应的语气，这样就能够准确地表达自己的真实心理，继而有效地影响他人心理。

语气包含思想情感、声音形式两方面的内容，因此，我们可以把语气理解为具体思想情感支配下的语句的声音形式。其具体包含了三个要点：一是语气以内心情感的色彩和分量为灵

魂、为神；二是语气以具体的声音形式为躯体、为形；三是语气存在于一个个具有语境的语句当中。

如果说语音是语言的物质外壳，那么语气就是表达所必须依据的支持物。每个人在讲话的时候，都离不开语气。语气对于演讲来说，尤为重要，因为恰到好处的语气能帮我们更准确地表达出自己的思想感情。

通常情况下，在语言表达过程中，我们的语气能够直接反映情绪和精神状态。只有语气拿捏到位，才能彰显出语言应有的表现力。比如，使用喜悦的语气，那表明其本人心中的喜悦之情；使用愤怒的语气，则会反映出自己内心的愤怒之意；使用生硬的语气，那表明其本人内心有某种不悦之感；使用埋怨的语气，那表明当事人心中有着满腹牢骚。由此可见，很多时候，语气在无意之中就泄露了心中的秘密。换个角度，我们在讲话的时候，如果能够将语气拿捏到位，岂不是更准确地表达自己的真实情感了？

那么，脱稿演讲中，我们该运用怎样的语气说话呢？

1. 鼓励语气

这是与很多人参与演讲的目的相吻合的，比如，鼓励听众去采取某种行动，给听众鼓励和期望，更易触动观众内心。

2. 信任语气

每个人都希望得到别人的信任，如果你在说话时表现出充分的信任，这时候语气能起到语言难以表达的作用。比如，你可以这样鼓励听众：“你一定可以成功的”。这就给了听众一

份自信，这肯定的语气会将自己的真实情感传达给听众。

3. 赞赏语气

在你的演讲语言里加入肯定和赞许，更易让对方认可你。

4. 商量的语气

你是演讲者，站在众人面前，并不代表你可以命令听众去做什么，如果你传达出来的信息是冰冷、居高临下的，这会伤害对方自尊心，也不会得到听众的支持。

5. 尊重的语气

每个人都渴望被尊重，因此，我们在进行语言表达的时候，应该尽量使用尊重的语气。

总之，我们在脱稿演讲的过程中，不但要注重遣词造句，还需要考虑用怎样的语气表达，这样的说话才准确、鲜明、生动，更容易获得听众的支持。

恰到好处的停顿，留给听众思考的时间

通常在说话过程中，为了考虑到听众的接受度，让听众有相当多的时间消化自己想传递的信息，同时也需要时间给自己控制节奏、理清思路、观察反馈。当然，这样的停顿时间是较短的，否则就会造成说话啰唆的现象，在停顿时需要保持一定的连贯性。话语的停顿主要基于两方面的需求，一方面是相信

没有任何人能憋足一口气将所有的内容都说完，他需要喘息的时间，或者喝水的时间，如果使用声带的时间过长，会造成声音沙哑，甚至上气不接下气，声音也会变得越来越弱；另一方面是因为语言本身需要停顿，诸如语法、逻辑、感情，还有一些特殊停顿，这都是需要的，否则那将不会成为句子，说话者既没有能力说下去，下面的听众也无法听明白。

美国前总统林肯在说话时有个习惯就是适当的停顿，当他说到某个重要的问题，而且希望这些内容能在听众的脑海中留下非常深刻的印象时，这时他的身子会向前倾，注视着听众的眼睛，大概会停顿一分钟的时间，他一句话也不说。就好像突然而来的嘈杂声音，这种突然带来的沉默，往往也可以吸引人们的注意力。这样的停顿，会让每一个坐在台下的听众都竖起耳朵，十分专注地听对方接下来会说些什么内容。当然，恰到好处的停顿会让你的声音发挥出较好的水平，如果是牵强的停顿，则会对你的声音产生不利的影响。

众所周知，林肯与法官道格拉斯曾进行过一次辩论赛，当时所有的情况都表明林肯即将面临失败。对此，林肯自己也感到十分沮丧，一直以来跟随而来的疾病也在折磨着自己，这让他的说话增添了一些感人的氛围。

最后一次辩说词中，林肯突然停顿了下来，他差不多站立了一分钟，看着台下坐着的有些是朋友，还有一些是完全陌生的面孔。他那深陷下去的忧郁眼睛就像平时一样，似乎满含着

快要流下的泪水。他将双手紧紧地握在一起，好像它们太疲劳了，已经没有力气来应付这场战争。然后，林肯以自己独特的声音说道："朋友们，不管是道格拉斯法官或我自己被选入美国参议院，都是无关紧要的，一点关系也没有。但是我们今天向你提出的这个重大问题才是最重要的，远胜过任何个人的利益和任何人的政治前途，朋友们。"说到这里，他再次停了下来，台下的听众屏住了呼吸，唯恐漏掉一个字，"即使在道格拉斯法官和我自己的那根可怜、脆弱、无用的舌头已经安息在坟墓中时，这个问题仍将继续存在、呼吸及燃烧。"

林肯在这段话语中的停顿有什么作用呢？我们似乎可以从他的自传中找到答案，一位曾替林肯写自传的作者写道："这些简单的话语，以及他当时的演说态度，深深地打动了每个人的心。"确实，适当的停顿，不仅能够让我们的嗓子暂时获得休息，还能够增强语言的表达力。

那在实际说话中，我们该如何掌握停顿，以至于让声音发挥出最好的素质呢？在这里，我们列举了最常见的几种停顿。

1. 逻辑停顿

著名专家说：如果没有逻辑的停顿的语言是文体不通的话，那么没有心理停顿的语言是没有生命的。逻辑停顿是根据你在一个句子中需要被强调的停顿，逻辑停顿是一种表达感情的需要。

2. 特殊停顿

特殊停顿是为了加强某种特殊效果或应付某种需要所作的

停顿。停顿的表现力主要有四个方面的：变含糊为清晰；变平淡为突出；变平直为起伏；变松散为整齐。

有些排比句通过停顿变得很美，节奏很好，要声断，气不断，情不断。要重复强调的是停顿不是中断，只是声音的消失，它绝对是气流与感情连起来的，有停就有连，而在某种激烈、紧张的情况下需要连接。

3. 语法停顿

语法停顿又叫自然停顿，中心语与附加语之间会有一个小小的停顿，一篇讲话稿中用标点符号表示的地方要停顿，不同的标点符号，停顿的时间长短不一样，它们停顿的时间是：句号（包括问号、感叹号）>分号>冒号>逗号>顿号，从结构上，是段落>层次>句子。

4. 感情停顿

感情停顿又叫心理停顿，逻辑停顿为理智服务，感情停顿为感情服务，表示一种微妙和复杂的心理感受时需要停顿。

当然，说话时的停顿，需要掌握一定的技巧。恰当的停顿不但可以让说话层次分明，突出话语重心，吸引听众的注意力，还能够前后照应。有条理的说话才具有一定的说服力以及逻辑性，达到彻底征服听众的目的。如果缺乏应有的停顿，一直不停地说下去，就会让人有急促感，也表达不出说话者的感情和力度。

第 07 章

会说话也得会倾听：及时捕捉关键信息

日常沟通中，富有智慧的沟通者往往不是说话最多的人，比起滔滔不绝地讲话，他们更喜欢做认真的倾听者。从倾听中读懂对方的真实心理，揣摩对方表达的言外之意，这样才能抓住沟通的关键点。

听懂对方的话外之音

小赵学习非常刻苦，在高考中，考出了优异的成绩，被北京大学录取了。一家人非常高兴。但是很快全家又陷入了悲伤的情绪中，原来小赵的父亲去世得早，全凭母亲辛苦的操持家务，来支持小赵读书，家里穷得快揭不开锅了，哪里还有钱供他读大学啊。

眼看着开学的日子一天天到了，全家人乱得一团糟。为了不让小赵辍学，母亲带着他向亲戚朋友借钱。受了不少风凉话和白眼，可是依然还差着500块呢。第二天就是开学的日子了，小赵硬着头皮来找他的舅舅。

进了舅舅的家门，还没等小赵说明来意，舅舅就开始哭穷："最近家里总是不顺，你舅妈住了一次医院，花去了我两万多，再加上你那不争气的弟弟又和别人打架，被逮到了派出所，交了5000多块的罚款。现在又要开学了。昂贵的学费又是我的心头病啊。"说完后，舅舅问："家里都还好着吧，没什么事吧？"

小赵听出了舅舅的话外音，说这么多就是想表达现在手头没钱。他说："没事，我就是来看望一下舅舅，有一段时间没有见到舅舅了，挺想你们的。"说完后，小赵没再说什么，找了个借口，连饭也没吃，就匆匆地离开了舅舅家。

俗话说“打鼓听声，说话听音”，有些时候碍于面子，有的话不方便明说，但是又不能不表达，往往很多人采用含蓄和委婉的表达方法。所以，在倾听别人说话的时候，要多留意对方每一句话的所指。尤其是对方着重强调的地方，可以说出来的话。这样才能通晓对方的心事，了解对方的意图。18岁以后的年轻人逐渐地步入社会，更要学会听懂话外之音。这样才能在人际交往中如鱼得水，八面玲珑。那么，到底如何才能更好地听懂别人的话外之音呢？

1. 扩大阅读面，多储备知识

一般情况下，知识储备越多，越能洞察人心。这是因为很多时候，话外音多是通过隐含和暗含表达出来的。这些隐藏的信息大多数情况下都是丰富的历史和人文知识，不了解这些知识，当对方有所指的时候，就会不知所云。比如，别人说“挥泪斩马谡”，在这个典故中，对方已经把自己的所思所想全部表达了出来。如果你不了解相关的典故，就不知道对方在说什么，更加不明白对方的心思和将要采取的措施。由此可见，只有掌握了丰富的知识，在一定程度上，才能更加迅速地听明白话外音，迅速洞察对方的心思。

2. 多参加实践，接触现实生活

说话是为了交流，要交流就离不开人群。所以，要想听懂话中之话，就要多参加实践，多接触现实生活。实际上，很多知识都来自生产劳动当中。多参加劳动实践，能学到很多书本

上没有的知识和道理。比如，有人说：“你这人，怎么长了个斑马的脑袋呢？”实际上这是在夸你口才好，因为“斑马的脑袋——头头是道”。如果你不了解这些知识，可能会觉得别人在骂你呢，因为把你跟马相提并论呢。所以，多接触社会，在社会这个大熔炉中汲取营养。洞察的世事越多，你就越能了解别人的心思。

3. 多动脑筋，多思考

事实上，并不是所有的话外音都是有所积淀的。很多时候，别人并没有用典故和双关等知识，而是就事论事。这时候你一定要多动脑子，多思考。比如“指桑骂槐”，尽管表面上看起来目标是桑树，可实际上却是槐树。如果不动脑子，不分析，不思考，就不会懂得对方真正的意图所在。所以，在和别人的谈话中，要尽量多地搜集对方的话中与自己有关的信息，从这些信息中判断对方的意思。一般情况下，人的言语能掩饰，但是情感掩饰不了。所以，在关注对方言语的同时，感受对方情感的迁移和变化。这对于洞悉话外之音有很大的帮助。

客观倾听对方的意见

刘宇和王小慧是非常要好的朋友，平日里一起上学，一起回家，关系特别好。这天，王小慧哭丧着脸来找刘宇。原来王

小慧和男朋友吵架了。

在刘宇面前，王小慧一个劲地骂男友，说他花心，说他欺负自己了。刘宇听后，替王小慧打抱不平，随即也说了几句指责王小慧男朋友的话。谁知，当天下午，王小慧和男朋友和好如初了。王小慧一五一十地把早上发生的事情告诉了男友。由于双方是男女朋友关系，况且又在闹情绪当中，男友自然没有在乎王小慧的发泄。但是对于刘宇的指责，却记在了心里。

之后，当刘宇和王小慧在一起的时候，王小慧的男友就会迅速地把王小慧带走，起初刘宇也觉得没什么，毕竟人家是男女朋友关系嘛。可是时间一久，刘宇也感觉到了，似乎王小慧的男朋友很讨厌她。

一次，在王小慧的生日上，她的男友在喝酒的时候，为难上了刘宇，非要逼着刘宇跟他拼酒。刘宇一个女孩子，哪能喝得过他啊。结果刘宇喝得大醉，并因此住进了医院。从那之后，刘宇渐渐远离了王小慧。

每个人都有自己的意识，对所见所闻有自己的判断和定位，基于人的这种特性，往往很多时候都会发表自己的意见和看法，更多时候在这些意见和看法中，夹杂着浓厚的主观情感色彩。这些主观色彩在与被评论者的感情相一致的时候，就能拉近彼此之间心灵的距离，如果不一致的时候，就会因此而得罪别人。所以，在聆听别人说话的时候，最好不要表达你的感情色彩，尤其是和对方的想法和看法不一致的时候，主观色彩

往往会暴露你的态度和看法。由此可见，不带感情色彩是掩饰自己的好办法。那么，在谈话的时候，如何才能不带感情色彩呢？

1. 把自己的角色定位为旁观者

在大多数的情况下，当对方和我们交流的时候，如果说出的想法和观点和我们不一致，往往会有一种冲动，那就是想要证明自己是对的，别人是错的。在对与错、是与非的判断过程中，往往会夹杂着每个人的主观情感。事实上，每个人的思想不一样，对问题的看法不一样，为什么一定要统一思想呢？为什么一定要说服别人呢？事实上，根本没有这个必要。所以，在听到别人和自己有不同的意见的时候，不妨一笑而过，把自己的角色定位为一个旁观者。当你明白自己是一个旁观者的时候，你就不会为了一个没有实际意义的概念和别人争吵。

2. 管好自己的嘴巴，不要乱发评论

很多时候，人总是喜欢炫耀，总是希望引起别人的注意。所以，在听到与自己的看法和想法不一样的观点时，就会指责这个，批评那个。所以在聆听对方谈话的时候，也会时不时地打断对方，与之辩论，事实上这是不明智的。这样做不但让对方感受不到应有的尊重，即使你把对方辩倒了，你赢了，对方也不会服你，相反还会因此而得罪别人。如果你觉得对方的观点很精彩，那么你可以点头微笑，表示支持和肯定。如果你觉得对方的观点有问题，那么你可以给予微笑，并且保持沉默。一定要管好自己的嘴巴，不要随便去发表评论，也不要轻易地

表达态度。

3. 控制好自己的情绪

在与对方交谈的时候，一定要控制好自己的情绪。听到自己喜欢和肯定的想法时不欢、不呼、不喜，听到自己讨厌和否定的说法时，不悲、不愤、不怒。每个人都有保持自己想法的权利。即使是错的，那也是自己的。别人的想法和观点对与错，与你没有多少实际的关系。你别忘记了，自己是一个聆听者，是一个学习者。你改变不了别人，别人也改变不了你。所以，在倾听别人说话的时候，不要轻易带有主观色彩，不要把你的感情流露出来。

4. 尽量用中性词

如果对方发表完了自己的看法和想法，想要征求你的意见时，能不表态尽量不要表态，如果实在推不掉，一定要有所表示，那么说话的时候多用一些中性词，少用一些带感情色彩的词。这样既表达了自己的观点，也不会得罪别人。

善于倾听，掌握沟通的主动权

在西方有一句谚语：倾听是最高的恭维。英国学者约翰·阿尔代说：对于真正的交流大师来说，倾听和讲话是相互关联的，就像一块布的经线和纬线一样。当他倾听的时候，他

是站在他同伴的心灵的入口；而当他讲话时，他则邀请他的听众站在通往他自己思想的入口。生活中，我们经常会遇到这样的事情：一个遭遇烦恼的朋友找自己倾诉，我们只需要认真听他讲话，当他讲完了，心情就会平静很多，甚至不需要我们做任何事情来帮助其恢复平静。

在一次推销中，乔·吉拉德与客户洽谈顺利，眼看就快签约成交的时候，对方却突然变了卦——快进笼子的鸟儿飞走了。

当天晚上，按照客户留下的地址，乔·吉拉德找上门去求教。客户见他满脸真诚，就实话实说："你的失败是由于你没有自始至终听我讲的话，就在我准备签约前，我提到我的独生子即将上大学，而且还提到他的运动成绩和他将来的抱负。我是以他为荣的，但是你当时却没有任何反应，而且还转过头去用手机和别人讲电话，我一恼就改变主意了！"

这一番话重重地提醒了乔·吉拉德，使他领悟到"听"的重要性，让他认识到假如不能自始至终倾听对方讲话的内容，认同客户的心理感受，难免会失去自己的客户。以后再面对客户时，他就十分注意倾听他们的话，不管是否和他的交易有关，都给予充分的尊重，结果收到了意想不到的效果，他成为一名推销大师。

在谈判过程中，占据主动位置的一定是会说的人吗？答案是不一定。有时候，能够把控沟通主方向的人往往是一些善于倾听的人。卡耐基说："对和你谈话的那个人来说，他的需

要和他自己的事业永远比你的事重要得多。在他的生活中，他要是牙痛，要比发生天灾数百万人伤亡的事情还更重大；他对自己头上小疮的在意，要比对一起大地震的关注还要多。”因此，我们必须学会利用我们的耳朵，做一个善于倾听的人，并牢牢地抓住沟通的主控权。

还有一次，乔·吉拉德拜访了一个有趣的客户，一开始，客户就喋喋不休地谈论自己的儿子，他十分自豪地说：“我的儿子要当医生了。”乔·吉拉德惊叹道：“是吗？那太棒了！”客户继续说：“我的孩子很聪明吧，在他还是婴儿的时候，我就发现他相当聪明。”乔·吉拉德点点头，回应道：“我想，他的成绩非常不错。”客户回答说：“当然，他是他们班上最棒的。”乔·吉拉德笑了，问道：“那他高中毕业打算干什么呢？”客户回答：“他在密歇根大学学医，这孩子，我最喜欢他了……”话匣子一打开，客户就聊起了儿子在小时候、中学、大学的趣事。

第二天，当乔·吉拉德再次打电话给那位客户时，却被告知他已经决定在自己手中买车，成交的原因很简单，他说：“当我提起我的儿子吉米有多骄傲的时候，你是多么认真地听。”

或许，有人错误地理解多说话才能把握谈判的主动权，其实，多说话会给我们带来很多负面的影响，多说有可能会使他人对你产生戒心，认为你有某种企图；说得太多了，他人会对你敬而远之，因为他没有义务当你的垃圾桶；况且，话说多

了，难免会出错；有时候，话说得太多，暴露的信息太多，就会被别人看穿。所以，做一个懂得倾听的人，并将这样的美德沿袭在自己身上，你会赢得比别人更多的机会，获取更多的信息，把握沟通的主动权，能够更加有效地打动人心。

1. 倾听会让你受益

布里德奇说："学会了如何倾听，你甚至能从谈吐笨拙的人那里得到收益。"倾听并不是没有任何意义的随声附和，一个优秀的倾听者可以从说话者那里获取大量的信息，赢得对方的喜欢，达到打动人心的目的。

2. 掌握倾听的技巧

倾听也是有技巧的，除了听之外，需要适时地重复对方话语中的关键字眼。当然，倾听比说话更需要毅力和耐心，假如你只顾埋头玩自己的手机，或者把头瞥向一边，这样无疑会打击说话者的积极性。

3. 倾听是沟通的前提

一个人只有听懂了别人表达的意思才能更好地沟通，倾听是说话的前提，先听懂别人的意思，再表达出自己的想法和观点，才能更有效地沟通。同时，听懂了别人的意思，我们才有机会掌握沟通的主动权，如此，也更容易打动人心，达到事半功倍的目的。

“听”出对方的兴趣爱好

在日常谈判中，人与人之间少不了沟通，而沟通中的话题则是必不可少的。通过大量事实表明，一个人喜欢什么就会谈论什么样的话题，而那必然是他在意的东西，反过来，一个人所谈论的话题中定有其感兴趣的东西。每个人都有自己的在意点，有的人喜欢旅行，有的人喜欢漂亮的衣服，有的人喜欢绘画，而无一例外的，他们的兴趣点都隐藏在话题里，等待你去发掘。如果你能从细微处发现对方比较在意的东西，从对方所感兴趣的话题入手，那么，你已经成功地识破对方的真实心理了。

在生活中，我们都有这样的经历，对于自己感兴趣的、比较擅长的话题，总是愿意去谈论。而这正是每一个人的心理状况，相比较一些生疏而无趣的话题，人们总喜欢谈论自己感兴趣的话题。在正式沟通中，如果对方总是谈到一件事，那么，证明这件事本身对他很重要，或者，他的兴趣爱好就是此件事。

在镇压太平军的行营里，一次，曾国藩用完饭后与几位幕僚闲谈，评论当今英雄。他说：“彭玉麟、李鸿章都是大才，为我所不及。我可自许者，只是生平不好谀耳。”一个幕僚说：“各有所长：彭公威猛，人不敢欺；李公精敏，人刁能欺。”说到这里，他说不下去了。曾国藩问：“你们以为我怎么样？”众人皆低头沉思。忽然走出一个管抄写的后生来，插话道：“曾帅仁德，人不忍欺。”众人听后皆拍掌称是。曾国

藩十分得意地说："不敢当，不敢当。"后生告退后，曾国藩问道："此是何人？"幕僚告诉他："此人是扬州人，入过学，办事还谨慎。"曾国藩听后说："此人有大才，不可埋没。"不久，曾国藩升任两江总督，就派这位后生去扬州任盐运使。

那位后生不过是一句话，就得到了曾国藩的赏识，同时，改变了自己的命运，这真可以说是"一言定升迁"。为什么会这样呢？其实，如果我们仔细观察，就会从话题中察出端倪。在一次闲聊中，曾国藩别的不聊，却聊到了"当今英雄"，目的不言而喻，曾国藩统率几十万湘军，在当世也可堪称"英雄"，这样想来，他此举就是想有人夸赞自己一番。虽说，曾国藩是中兴名臣，但毕竟是常人，他也想听赞美的话，这是其兴趣之一。后生识破了曾国藩的心理，说"曾帅仁德，人不忍欺"，一语说到了曾国藩的兴趣点，同时，后生也赢得了曾国藩的信任与好感。

在谈判过程中，彼此所谈论的主题可以透露对方的兴趣点。毕竟，一个人喜欢什么，他就愿意谈论什么，对自己不是很感兴趣的，他是不会侃侃而谈的。如果对方谈论到小说，那么，他所喜欢的肯定不是历史；如果对方谈论的是轿车，那么，他所喜欢的肯定不是火车。所以，在日常谈判中，我们要善于从交谈中"听"出对方的兴趣爱好，并适时把话说到对方心坎上，自然可以轻松赢得人心，从而顺利地赢得谈判的主控权。

谈判过程中，如何捕捉对方的兴趣点呢？

1. 对方往往会较多地谈到自己在意的东西

当一个人对一个话题侃侃而谈，而且越说越兴奋的时候，我们能判断对方对这个话题的某些东西是喜欢的。因为喜欢，他才会不断地重复一些话，才会投入自己百分之百的热情。因此，在沟通过程中，我们要善于观察和倾听，对于某件事情，对方说得越多，表明这个话题中恰恰包括了对方所感兴趣的事情。

2. 试探性询问

当我们不知道对方感兴趣的东西是什么，这时我们可以通过试探性提问，去发掘对方的兴趣点，这样对整个沟通也是很有帮助的。假如我们既不知道对方感兴趣的东西是什么，也不愿意通过试探性的提问去挖掘，那最后我们将在此次沟通中一无所获。

3. 谈判前搜集较多的关于对方的资料

在沟通过程中，要想准确地了解到对方的兴趣爱好，不仅仅需要在交谈时进行仔细观察，还需要在沟通之前做充分准备。比如，我们所要拜访的是一位美术老师，那可以确定的是他所感兴趣的一定是美术，绝不会是其他什么东西，即便美术不是他的爱好，他是因为生存需要才选择了进入美术这个领域，但对他而言，美术也是他最熟悉的东西。只要我们事先准备一些谈话的资料，那在交谈过程中就可以准确地知道他的兴趣所在了。

在倾听中挖掘对方的潜在需求

在日常谈判中，我们与对方的交流沟通，实际上就是一场心理的较量。而且，彼此都带着各自在意的重点，以此达成共识。如何才能打动对方呢？这需要我们仔细观察，从对方言语中抓住对方潜在的“利用价值”，再以其在意的东西作为利诱，这样一来，对方肯定会心动，从而不得不答应我们的请求。在这里，所谓的“利用价值”，也就是其最在意的东西，诸如头衔、利益等。而且，我们以其在意的东西作为利诱，如此来暗合对方的心理，这样会让对方感到很受尊重，无形之中也拉近了彼此的距离。有时候，对方潜在的“利用价值”往往是他的把柄之一，有可能他会为了某些欲望而放弃之前所提出的条件，此时我们趁虚而入，对方就会在交流中败下阵来。

三国时期，邓芝受命出使东吴。他到了东吴，孙权对他很怀疑，因此不肯接见。过了两天，邓芝给孙权写了一封书信。孙权一看，只见书上写道：“臣今到此，非但为蜀，并且为吴。若大王不愿见臣，臣就走了。”孙权犹豫不定，一些大臣也都想刁难一下邓芝。后来，孙权采纳了张昭“先给邓芝个下马威”的意见，在殿前放一个沸腾的油鼎，命武士各执兵器，站立在两侧，召邓芝入见。

邓芝听孙权召见他，便从馆舍出来，毫无惧色，昂首走入大殿。邓芝进入殿内，就对孙权说：“我特为吴国利害而来，大王

却设兵置鼎，以拒一儒生，可见大王度量太小。”孙权听后，觉得很惶愧，忙令人赐坐。邓芝问道：“大王欲与魏和呢，还是与蜀和呢？”孙权说：“孤非不欲和蜀，但恐蜀主年幼国小，不足敌魏。”邓芝侃侃道：“大王为当世英雄，诸葛亮亦一代豪杰。蜀有山险关隘，吴有三江，若互为唇齿，进可兼并天下，退可鼎足峙立。如大王甘心事魏，魏必然会征大王入朝，索王子做质子，一不从命，便起大兵讨伐，那时蜀国再顺江东下，臣恐大王两面受敌，江东之地不能复有了，请大王熟思！”为赢得孙权的信任，表示诚意，邓芝又说：“若大王以为愚言是不可取的谎言，吾愿立即死在大王面前，以杜绝说客之名。”说着，撩起衣服，就装作向油鼎跳去。孙权忙令人将邓芝拦住，请入后殿，以上宾之礼相待。

刚开始，孙权不愿意接见邓芝，邓芝就直言不讳地说：“臣今到此，非但为蜀，并且为吴。”不仅为蜀国而来，也为吴国而来，似乎蜀国与吴国有着牵扯不清的关系。后来，在整个谈判过程中，邓芝详细地解释了：“诸葛亮亦一代豪杰，……江东之地不能复有了，请大王熟思！”原来，蜀吴两国是互为唇齿，如果蜀国没了，那吴国的屏障也就失去了，这样一来，大家岂不是在同一条船上？最终，孙权明白了其中的利害关系，他被邓芝一番恳切的言辞打动了。

如何才能有效地打动对方呢？

1. 找到对方的利益所在点

在每个人身上，他们都会有一定在意的对自己有利的东

西，有可能是金钱，有可能是名声，有可能是地位。那么，在沟通的过程中，我们要善于以对方在意的利益作为诱饵，以此达到打动对方的目的。

2. 找到对方的兴趣所在

每个人都有自己的兴趣爱好，因此，在交流过程中，我们要想办法找到对方的兴趣点。可以在与对方交谈之前做好准备工作，打听对方有什么兴趣爱好；也可以通过自己的观察或提问来获得对方感兴趣的事情。

3. 给对方一点甜头

有时候，不妨给对方一点好处，这样对方也会从中获得一些恩惠。比如“你过来我包你车费，还请你到处转转，咋样”“只要你给我把这件事办好了，我就送你一个爱马仕包包”“我前天在上海给你捎带了一条裙子，你看什么时候过来拿呀”。

4. 给对方一个响亮的头衔

响亮的头衔就相当于一碗迷魂汤，一点点地迷醉对方，让其在名声的诱惑中，心理的满足中答应我们的请求。俗话说：“佛要金装，人要衣装。”头衔也有它的作用，而且，其作用还不小。头衔就犹如名字的装饰品，它华丽堂皇，令那些听闻其名的人都心生羡慕、嫉妒，与此同时，也令当事人感到莫大的荣幸与骄傲。

第 08 章

有的放矢巧语动人：引导听众迅速与你产生共鸣

日常沟通中，最理想的效果就是听众与自己产生心理上的共鸣。我们说的每一句话，对方都能够听进心里，并随之做出适当的回馈，这才是成功的沟通。当然，这也需要我们在沟通中善于引导对方，使其有一种感同身受。

富于感召，引起听众的共鸣

演讲中，如果一个人丝毫不顾及听众的感受，只是对自己关心的问题侃侃而言，那么，自然很难引发现场观众的热情和激情，也就无法打动听众。反之，如果他能切身考虑到听众的利益，说听众想听的话，那么此时登台，必会取得意想不到的结果。

那么，怎样才能做到这一点呢？

1. 依听众的关注点和兴趣演讲

你可能也发现，依据听众所关注的问题和兴趣来演说，是一个极好的方法。为此，在讲话前，你可以先问问自己：你的讲演能够帮助听众解决什么样的问题，怎样达到他们的目标？然后开始讲给他们听，他们就会全神贯注。如果你的职业是一名会计师，那么，开场时你就可以表明这一点：我现在就教大家如何立遗嘱，然后，就有一些观众对你的话题产生兴趣。其实，在每个人的知识积累中，总有某个方面能打动听众。

当你面对听众时，你可以假想一下，他们很希望听到你的演讲——只要它能对他们有用。作为演说者，如果你只考虑自己内心的想法和思想倾向，那么，你的听众就会慢慢变得烦躁不安，表现得不耐烦、看手表，甚至会离开。

2. 讲一些自己的经历，赢得认同

我们每个人都知道，很多时候，参与演说，就是为了传达自己的观点，就是让听众接受自己的想法和意见，而为了增加话语的可信度，可以适当地提出一些自己的经历和精通的知识，因为自己的经历最有说服力，而精通的知识则更权威，所以可信度很强。

生活中的我们可能也会看一些电视节目，一些节目之所以生动有趣，就是因为他们谈的是自己的经历和自己了解的事。

曾经有一次，卡耐基训练班的一些教师在芝加哥的康拉德希尔顿饭店开会。也有一些学员参加。

会议开始，一位学员这样开头："自由、平等、博爱，这些是人类字典中最伟大的思想。自由是第一，没有自由，生命就再也无存活的价值了，我们可以设想一下，如果我们的行动处处受到限制，会是怎样的一种生存状况？"

当他讲到这里的时候，他的老师很果断地站出来打断了他，然后问他有什么事实依据或者自己的经历、遭遇能证明他刚才所讲述的一番话，于是，接下来，他讲了一个真实的故事。

他说，他曾经是法国的一名地下斗士，在纳粹统治下，他和他的家人饱受屈辱，演说中，他以贴切、形象的语言描述了自己在那样一段艰难的日子是怎么熬过来的，是怎样逃过秘密警察的追捕来到美国的，最后，他用了一番话来总结自己的演讲："今天，我从密歇根街来到这家饭店，我能随意走动，当我从警察身边经过时，也不用回避他们的目光，我来到饭店，更不用出示证件，等到会议结束了，我可以想去哪里就去哪里，因此，我们每个人都要相信，为了自由，任何的奋斗和努力都是值得的。”他获得了全场的起立致敬和热烈的掌声。

这位学员的演说之所以能打动听众、博得热烈的掌声，就是因为他从自身的切实的经历讲起，句句贴切。

3. 赞美你的听众

听众也是由单个人组成的，所以也是有弱点的，人们都爱听赞美的话，谁也无法拒绝赞美，但前提必须是真诚的赞美，如果你毫无来由地对听众献殷勤、说一些肉麻的话，比如“各位是我曾面对过的最有智慧的听众”，也会被大多数的听众厌恶。

所以，脱稿讲话中，“共鸣”是可以制造出来的，讲话中，表达对听众的关怀、理解和认同，接受对方的内在需求，并感同身受地予以满足，就能帮助我们获得听众的认同。

换位思考，把话说到听众心坎上

在《战国策》中，游说列国的说客们经常运用各种方法去说服各国君王接受自己的观点，往往能取得巨大成功。其中最有代表性的当数李斯《谏逐客疏》。

作为一个被放逐的对象，李斯没有强调逐客令对这些异国人才的打击，没有强调异国人才对秦国的奉献，而一直在强调如果驱逐了这些异国人才，秦国将蒙受什么损失，同时秦国的敌国将得到什么好处。志在统一天下的秦王，或许并不关注国内的得失，但却很在意敌国力量的消长。李斯的谏书正说到了秦王的痛处，也是秦国利害关系最关切的地方。秦王即使再讨厌国外人士，也不敢反驳了。曾被列为驱逐对象的李斯留了下来，后来甚至成为秦国的丞相。

的确，脱稿讲话其实就是与听众的一次沟通，这期间，如果一个人丝毫不顾及听众的感受，只对自己关心的问题侃侃而言，那么，自然很难引发观众的热情和激情，也就无法打动对方。反之，如果他能切身考虑到对方的利益，说对方想听的话，那么此时开口，必会取得意想不到的结果。

这就是换位思考，换位思考就是我们要站在对方的角度去思考问题，设身处地地为对方着想，从而让我们看到对方的处境、想法等，这样，我们能对事物产生深度的认识和把握，从而帮助我们把说服的话说到对方的心坎上。

那么，我们怎样说才能打动听众呢？

1. 多说亲切的话

如果你净说一些枯燥无味的大道理，或者满脑子“阳春白雪”的思想在作怪，经常说一些文绉绉的话，就会让听众觉得你过于伪装，从而在内心里就疏远了你。

比如，在和听众寒暄的时候，说一些“路上没有堵车吧？”“最近还好吧？”之类的话，就会让对方觉得你把他当成了朋友，对你产生亲近感。

2. 多提及听众的名字

一次演讲中，卡耐基坐在主讲人的旁边，在开始演说前，他发现一点，他看到主讲人四处走动去打听那些陌生的人，卡耐基感到很奇怪。在后来的演说中，卡耐基才明白——主讲人是为了把刚才打听到的名字运用到演讲中，他更注意了一下台下听众的表情，那些被提及名字的人脸上洋溢着幸福和快乐。当然，这个简单的技巧已经为他赢得了听众温暖的友情了。

3. 全身心投入到讲演中

演讲需要你投入高度的热忱，当一个人只被自己的感觉影响时，他的热情就会被点燃，他的行为、语言都会出于自然，一切也就顺其自然了。

事实上，任何表达技巧的学习都是建立在全身心投入到演讲之中的基础之上的。

4. 让你的声音展现生命力

不得不说，随着年龄的增长，不少人都失去了年幼时的纯真和自然，与人说话、沟通也都陷入模式化之中，变得没有生气，但如果你希望成为一名好的演说者，你就不能拒绝吸收新的词汇，或者吸收新的表达形式。

5. 以“情”动人

（1）坦露心声，真情动人

俗话说：言为心声。在演讲中，如果演讲者的话是发自内心，发自肺腑，有自己的真情实感，那么，听众的情感之弦就更加容易被拨动，演讲者和听众的共鸣就会更强烈，听众也就更加容易接受演讲者所表达的观点。

（2）适时评述，激情动人

激情，是情感的瞬时爆发，是最能够打动听众、征服听众的。适时地对演讲材料进行充满激情的评述，表达自己的意见，抒发自己的感情，是让观点深入人心，引起共鸣的又一妙招。

（3）铺陈渲染，豪情动人

在演讲中，利用铺陈渲染方法为演讲的主题“蓄势”，可以激起听众强烈的共鸣，把演讲推向高潮。尤其在表达理想、志向和成长感悟时，运用铺陈渲染更能达到节奏和谐、情绪激昂、语气磅礴的表达效果，给人一种积极向上、气势恢宏、壮志豪情的美感和震撼，更容易以豪迈的情感和气势征服听众。

的确，“感人心者，莫先乎情。”成功的演讲离不开“情”，情感在演讲中就像桥梁一样，联结着演讲者和听众的心。以“情”动人心，就必须要求演说者从听众的角度说话，这样的演讲才更耐听！

注重互动，炒热现场气氛

我们都知道，任何交流形式都是相互的，脱稿讲话也是如此，一些人在脱稿讲话中如鱼得水、尽得听众掌声，而有些人却被听众冷落，其中一个重要原因就是前者懂得与听众互动，把听众拉到演讲中来，而后者则唱独角戏。在脱稿讲话中，我们也可以通过与听众互动的方法来炒热现场的气氛。

曾经在一个小镇上，有两个报童在卖同样的报纸。因为处在同一个市场里，所以两个人的报纸销量会你多我少。为了能多赚些钱，两个报童都非常努力，每天他们都带着无比高涨的热情投入到卖报工作当中。

第一个报童鲍伯是一个很勤奋的孩子，每天他都以洪亮的嗓音沿街叫卖，虽然常常大汗淋漓，但是买他报纸的人却并不多。这让鲍伯很是苦恼。

第二个报童丹尼也很努力，但是他更多地把这种努力放在了动脑上，除了每天沿街叫卖之外，丹尼还会到一些固定场所，直接向人们分发报纸，等到天黑的时候再把报纸收回来。起初，丹尼的工作有一些损耗，但是渐渐地，丹尼的报纸开始卖得越来越好了，买他报纸的人越来越多，还常常有人为了买他的报纸在那些固定场所按时等候。后来，报童鲍伯的报纸卖得越来越少，不得不另谋生路了。

报童丹尼的报纸之所以卖得越来越好，就是因为他懂得让

客户参与的道理。在固定地点，他将报纸分发给路人，傍晚收回来，可能在刚开始有一些损失，但是，通过这种方法，他与客户之间就有更多见面的机会，从而加深感情，这样，当客户再需要购买报纸的时候，就会不自觉地在他那里购买。先入为主，他也就占领了市场。而报童鲍勃虽然很勤奋，却没有使用正确的方法，没有让客户参与其中，结果事倍功半。

同样，这一方法也可以运用到脱稿讲话中。曾经有一场名为《钻石就在你家后院》的演讲，演讲者是罗素·康威尔，这一演讲先后进行了六千多次，也许你会想，重复这么多次的讲演，恐怕无论是演说词还是说话时候的音调大概都在演说者的脑海中根深蒂固了，再也不会变化了吧？但事实真不是如此，康威尔博士深知每次来听演讲的听众的背景和知识程度都不同，所以要根据听众的需求来变化演说风格和演说语言，让他们感受到自己听到的总是与众不同的演说，是特地为自己订做的。

那么，你知道他是怎么做到在一场接一场的演讲中与听众建立起轻松愉快的关系的吗？

康威尔博士写道："每当我来到一个新的城市或者小镇，我会在最短的时间内去拜访当地最贴近生活的人，如邮局局长、理发师、旅馆经理、牧师、学校校长等，然后去商店和店员们交谈，了解他们所在地方的历史、人文风情等，在了解这些以后，我才着手我的演讲，尽量去搜寻那些符合当地情况的题材。"

开设过千场演讲的康威尔博士当然明白一点，成功的演讲就是一场成功的沟通，而成功的沟通则必须将听众带入演讲之中。

那么，如何让听众参与到我们的脱稿讲话中来呢？

1. 演示法

演讲大师卡耐基称，只要使用小小的一点技巧，就能让听众“心随你动”，这种技巧就是演示法，即挑选听众来帮助你演示，或者把你的观点戏剧化地展现出来。

这是因为，只要其中一个听众被带入演示中，其他的听众就会注意力集中起来，看看究竟发生了什么事。

2. 提问法

除了演示法以外，卡耐基还经常在演讲中对听众进行提问，邀请他们帮助解决问题，这样做，就等于把合伙人的权利送给了听众。

向听众询问意见，能带动听众认真倾听你的演讲，尤其是当听众默不作声或不愿意参与互动的时候，可用询问行为引出对方真正的想法，了解对方的立场以及对方的需求、愿望、意见与感受，并且运用积极倾听的方式，来诱导对方发表意见，进而对自己产生好感。

总之，演讲中的说话是一个人综合素质的体现，因此，我们说话之前，一定要进行充分的考虑，了解哪些话应该说，哪些话不该说，该怎样说话才是站在听众的立场上。

3. 表达你和听众之间存在的关系

在脱稿讲话中，如果你和听众之间存在什么关系，一定要尽快表达出来，如果感觉自己被邀出席演讲，也说出来吧。在印第安纳州绿堡的德堡大学的毕业典礼上，哈罗德·麦克米兰说出的一番话就很值得我们学习。

“我很感激各位邀请我，作为英国的首相，能来贵校，确实不易，不过我感觉，以我当前的政府职位，大概不是我被邀来贵校的主要原因，我的母亲是美国人，而我的父亲则是贵校的首届毕业生之一，所以，我要向各位保证的是，能和德堡大学有这样的联系，我感到无尚的光荣，并以能重温老家的传统而骄傲。”

毋庸置疑，麦克米兰在这段话中提到了自己与这所学校的关系，是很容易为自己赢得好感和掌声的。

总之，脱稿讲话中，如果我们能摒弃唱独角戏的习惯，转而多与听众互动，让听众也产生一种也参与到演讲中的感觉，那么，势必能取得好的演讲效果。

设置爆点，调动听众的积极性

演讲者演讲，最重要的就是去调动听众的情绪。不要自己一个人在台上“唱独角戏”，听众在下面却躁动不安。通常情

况下，大部分演讲都是积极枯燥的，那么如何很好地调动听众的情绪呢？你可以运用下面的方法。

1. 精彩的开场白，能够吸引听众

精彩的开场白给人的印象是深刻的，能达到先入为主、吸引听众的效果。精彩的开场白往往能像磁铁一样紧紧地吸引住听众，提高整个会场的基调和节拍，增强听众对演讲者讲话内容的兴趣。俗话说："良好的开端是成功的一半。"

好的开头可以瞬间抓住听众的心，给人以深刻的印象，吸引人们继续听下去。就像看一本精彩的小说，开始就兴味盎然，人们自然急于了解下面的情节。开场白还要尽量避开那种陈旧死板、千篇一律的格式。演讲者要根据讲话内容的实际或讲形势，或道特点，或提要求，要因境制宜、灵活构思、巧妙设计，让下面的听众在不知不觉中进入你精心设计的"圈套"。

2. 适当的时候，演讲者可以运用幽默的语言来调动听众的情绪

幽默的语言通常能够给听众带来快乐，演讲者在讲话的过程中，融入自己的幽默，既可以调节听者的情绪，又可以展现自己的语言魅力。

一个演讲俱乐部想吸收阿凡提为会员，但他也必须和其他会员一样演讲一次。刚开始大家都希望他能上台讲，于是规定他最后一个上台，大家满怀期待地立于台下。

阿凡提登上了演讲台，开口便问："各位，你们知道我要

讲什么吗？”

大伙异口同声地说：“不知道！”

“怎么，你们竟不知我要讲什么，如此无知，那我讲了还有什么用？”说着便走下了讲台。大家一时哑口无言。

第二天，他又登上讲台，对听众说：“各位，你们知道我要讲什么吗？”

“知道！”这回大家吸取了教训，异口同声地答道。

“好啦，”阿凡提说，“既然大家已经知道了我要讲什么，那我重复一遍又有什么用呢？”说完又走下讲台，大家再次哑然。

他总是这样，大家便商量了一个办法，待他下次演讲时，有一部分人说知道，而另一部分人说不知道。这样，阿凡提就没法下台了。

第三天，阿凡提又登上了演讲台，当他再次像前两次一样发问后，台下便一部分人喊“知道”，另一部分人喊“不知道”。

阿凡提一笑：“那好吧！那就让知道的人讲给不知道的人听吧！”

说完一甩袖子走下演讲台，扬长而去。大家一时间目瞪口呆，然后又忽然“轰”地大笑起来。

这确实算是一个搞笑的故事，在这里，阿凡提所玩的就是逻辑幽默。阿凡提成功的幽默智慧在于他利用“知道”与“不知道”两个不具体、虚幻的概念，到后面却推出了与听众想象

完全不一样的结果，正应了“以不变应万变”这句话，不论地方如何变换，阿凡提的理由也总是跟着变化，不过，他的行为却自始至终都没变。

3. 通过讲有趣的故事

像所有的孩子一样，每个人都乐于倾听有趣的故事。你可以在讲话的过程中，巧妙地引入一个与你所讲话题相关的故事，那些引人入胜的故事情节可以很好地调动听众的情绪，他们会满怀期待地等着你的讲述。当然，你一定要选择合适的、有趣的故事，不然，就起不到作用了。

如果你的讲话换来的是听众毫无反应的场面，那只能证明你这次讲话的失败；如果你的讲话能够使听众喜笑颜开，并且他们能够随着你的讲话内容而思考，则说明你的讲话是比较成功的。

设问与反问，启发听众积极思考

设问能够产生悬念，引起人的注意力，引发听众思考。如果设问运用得好，就会使讲话极具说服力和感染力，产生让人无法辩驳的说理效果。常用设问，还能帮助讲话者抒发情感，曲折含蓄地表达出某些不便明言的信息。比如，有人在讲话中这样说道：“什么是龙头？龙头就是标杆，就是参照系，别的

都要服从，都要以此为标准，必须将认识进一步统一到这个总的指导思想上来。”

设问的问话，切忌提一些无关紧要、众人皆知或者缺乏震撼力的问题，也不需要问得太过频繁。设问的运用，关键就在于为讲话内容设计几个比较醒目、巧妙而又有分量的问题，给听众一种好奇感，激发他们等待答案的期待，然后自己作答，娓娓道来。

反问则是不需要回答的问题，答案就在问话之中，就是对问话的否定。反问的运用，可以表达出非常激烈的情绪，在热情奔放、情绪激昂的场合最适合运用。一连串设计巧妙的反问句，能使讲话具有非常大的气势，具有极大的震撼力与感染力，让听众听了之后情绪高涨，热血沸腾。

帕特瑞克·亨利在弗吉尼亚州议会上的一段演讲：

回避现实是毫无用处的。先生们会高喊：“和平！和平！！”但和平安在？实际上，战争已经开始，从北方刮来的大风都会将武器的铿锵回响送进我们的耳鼓。我们的同胞已身在疆场了，我们为什么还要站在这里袖手旁观呢？先生们希望的是什么？想要达到什么目的？生命就那么可贵？和平就那么甜美？甚至不惜以戴锁链、受奴役的代价来换取吗？

一连串的反问，好似连珠炮不断地轰鸣，整个讲话激情飞扬，气势雄劲，激愤之情感染了下面每一位听众。

卡耐基曾经说过，如果想说服别人，最好的办法就是举出

例证反其问之，因为反面的例子比正面辩驳更具有说服力。所以，有时候，领导者需要说服别人的时候，你不妨采取反问的手法，举出一个反面的例子来进行有力的说明。

有一次，拿破仑对他的秘书说："布里昂，你知道吗？你也将永垂不朽了。"

布里昂开始不解拿破仑的意思，拿破仑解释说："你不是我的秘书吗？"

布里昂明白后，笑了笑说："请问，亚历山大的秘书是谁？"

拿破仑回答不上来，赞扬道："问得好！"

布里昂明白了拿破仑的意思，虽并不寄希望于依靠拿破仑的名气扬名，但是他仍不忘作为秘书对主帅的尊重，所以采用表明请教，实际上采用了反问的方式："请问，亚历山大的秘书是谁？"证明了大前提的不可靠性，也使拿破仑的结论不攻自破。

美苏关于限制战略武器的四个协定刚刚签署，基辛格就在莫斯科一家旅馆里，向随行的美国记者团介绍了这方面会谈的情况。当时已经是5月27日凌晨一点，他毫无倦意。

"生产导弹的速度每年大约二百五十枚，"基辛格微笑地透露道，"先生们，如果在这里把我当间谍抓起来，我们知道该怪谁啊。"

敏捷的记者们于是接过话头，开始探问美国的秘密。

"我们的情况呢？我们有多少潜艇导弹在配置分导弹头？有多少民兵导弹在配置分导式多弹头？"一个记者问道。

基辛格耸耸肩："我不确定正在配置分导式多弹头的民兵导弹有多少，至于潜艇，我的难处是，数目我是知道的，但我不知道是不是保密的。"

记者说："不是保密的。"

基辛格反问道："不是保密的吗？那你说是多少呢？"

记者傻了，只好"嘿嘿"一笑，不再追问下去了。

其实，反问是用疑问的形式来表达所确定的内容。运用反问能够增强语势，把原来肯定的意思表达得更鲜明，不容置疑，所以，也更容易集中听众的注意力，给听众造成强烈的印象，容易唤起听众的想象和激情，这样的表达方式比正面更能产生力量。反问把答案寓于问句之中，而它所表达的思想内容与句子的表面意思相反：如果语句表面意思是肯定的，那么思想内容则是否定的；反之亦然。

为了提醒、加重讲话内容，引起观众注意，增强语言表达效果，有时需要在讲话中进行自问自答，巧妙运用设问、反问，与听众形成互动，调动他们积极思考问题，并感染其激情、热情。

开放性提问，提高听众参与的积极性

我们都知道，演讲其实就是与听众的交流，而任何交流都是双向的，一个人要想在演讲中获得听众的认同，首先就要让

听众对你的演说内容感兴趣。一个真正的演讲高手似乎总能营造出愉快的沟通氛围，其实，这是因为他们善于提问来挖掘听众的兴趣，听众一旦愿意听你说话，便会认同你，接受你。但事实上，提问也并非一件易事，因为我们的提问只有在发挥积极的作用下，对方才愿意回答。而这就要求我们多提积极的、开放的问题。因为通常来说，只有开放性的问题才能让听众回答的范围越来越广，也才能产生积极的效果。

一个刚来到澳大利亚的中国留学生遇到了这样一件事。

一天，他在街上闲逛，这时，走过来一个金发小姐 ，问道："您是中国人？"

"嗯，"他下意识地回答了一声。

"那么，我能问您几个问题吗？"

"但是我并不懂英语。"他打着手势，装作并不懂的样子。

"请放心吧，只是四个问题。"金发小姐对他微笑了一下，然后问了一连串的问题："您是学生还是工作了？您最想做的事是什么？将来想从事什么工作？对未来有何打算？"

听到金发小姐的提问，他所有的疑问都消除了，他心想，在这样陌生的一个城市中，竟然还有人关心他的工作、生活，甚至未来，于是，他也很诚恳地回答了金发小姐的问题："我还是学生，但我同时也在打工，每天，我都感到很压抑，我没有朋友，因此，我希望和别人交往。在未来嘛，我当然希望从事我喜欢的工作并取得一定的成就。"

“您渴望交朋友、渴望让自己的生活丰富起来，也渴望成功，那么，您是否想过，您可以选择一个媒介去帮您实现，对于这一点，我就能告诉您。”

他感到十分惊奇，“她怎样帮助我实现？”于是，他在金发小姐的带领下，来到了她的办公室。接下来，金发小姐告诉他，她的工作是帮助那些有困难的人，根据他们的具体情况，为他们推荐他们需要的书籍，并且，这里的书籍还可以享受九折优惠，最后，这位留学生不得不买了金发小姐推荐的一本书。

在这个案例中，金发小姐成功推销出自己的书，就是因为她善于提问，她先用一连串的问题吸引留学生，而这些问题丝毫没有涉及推销，并且是从关心留学生的角度提出的，因此，很快便消除了留学生心理障碍。然后，她再适时地引入销售问题，让留学生产生继续想知道的愿望，随后，金发小姐成功推销出书也就成了一个事实。

同样，这一方法也可以被运用到演讲中。的确，开放性的问题因为具有很大的回答空间，所以能激发听众的说话欲望，进而让听众参与到谈话中，在听众感受到轻松、自由的说话氛围后，便会对你的演讲产生兴趣。

通常来说，开放性的提问方式有一些典型问法，比如，“为什么……”“……怎（么）样”或者“如何……”“什么……”“哪些……”等。具体的问法就像案例中一样，需要我们认真琢磨和多实践才能运用自如。

当然，在提开放性问题的时候，我们还需要注意以下几点：

1. 提出的问题要轻松自然

以轻松的话题开头，最好不要直接涉及演讲的主题。当然，以这种问法开头，要求我们在交谈中占有主动地位，这样问的目的在于一步步引导对方，在对方肯定了我们所有的问题后，自然会得出积极的结论。

2. 别否定听众的回答

演讲中，如果你提出某个开放性问题后，听众的回答你不认同，你甚至特别想说服听众接受你的观点，此时，你最好不要马上就否定他的观点，说他的观点是错误的、荒谬的，否则你不会获得你想要的结果。相反，机智、委婉地说出你的观点，然后将听众引导到其他话题上来，从而让他们忘记自己原来的观点，这是能将话题继续下去的明智之举。

3. 避开听众的忌讳

事实上，每个人都有自己的忌讳，人人也都讨厌别人提及自己的忌讳。我们在提开放性问题的时候，最好避开这类话题，以免伤害别人的自尊心。

听众都喜欢那些轻松、和谐的演讲环境，而你是否能达到演讲目的，也与客户是否愿意互动有直接的关系，我们多提开放性的问题，能使听众产生回答的兴趣，从而愿意继续听下去，何乐而不为呢？

第 09 章

善用常见的表达技巧：使你的表达动人心弦

沟通中，我们通常会使用一些实用的表达技巧，如比喻这一修辞方法，这样会让整个语言表达显得更加生动形象，从而更容易打动人心。为了能够在短时间内有效表达自己的观点，更需要借助多种多样的表达技巧，让我们的表达更加动人心弦。

比喻修辞，让语言更加炫丽

我们都知道，交谈的力量是巨大的，它可以把两个陌生的人变为熟悉，由熟悉变成知己或亲密的朋友。而中国是一个语言文化知识底蕴丰厚的国家，自古以来，人们就善于将平淡无奇或晦涩难懂的语言经过修饰后变得形象生动或易于理解等。然而，不少有过脱稿演讲经历的人都抱怨："这年头，说话难，在众人面前说话更难！"的确，那些不会说话的人，通常在演讲的时候，语言干涩无味，让人听之昏昏欲睡，更没有继续交谈的欲望。如果我们能巧妙运用比喻的修辞手法，就能立刻让你的表达炫丽起来。

假如你要对暗恋多年的心上人表白一种咫尺天涯的感觉，有两种说法：

第一种说法，我每天都跟你在一起，却从来不敢向你表白，我好痛苦啊……

第二种说法，我每天都跟你在一起，却不敢向你表白，就像在大海里漂流，口渴得要命，四周都是水，偏偏一口都不能喝！今天，我终于鼓足了勇气，把海水变成了淡水。所以……

你觉得哪种更有效？肯定是第二种！那么，什么是比喻修辞呢？

著名文学理论家乔纳森·卡勒的定义：比喻是认知的一种基本方式，通过把一种事物看成另一种事物而认识它。也就是说，找到甲事物和乙事物的共同点，发现甲事物暗含在乙事物身上不为人所熟知的特征，而对甲事物有一个不同于往常的重新的认识。

例如，在莫里哀的喜剧《太太学堂》里，阿南解释人为什么"吃醋"，为什么生气。阿南："我给你打个比喻，你就清楚了。你端着一碗汤，来了一个饿鬼，要喝掉你那碗汤，你不单生气，还要揍他，你说对不对？"尧"对，这话我懂。"阿南："'吃醋'"完全跟这一样，女人确实就是男人的汤。一个男的看见别人想尝尝他的汤，马上就大发雷霆。"

佛说法，经常妙用比喻。佛教有《百喻经》传世。可见，比喻在语言中的运用多么重要。

陈建在一家外企的采购部门工作，在公司不到两年的时间里，他就被公司高层提拔为采购主管。在公司的年会上，他被同事们推举到讲台上讲授工作经验。

陈建明白，考验自己口才的时候到了，一开口必须引起听众注意，于是，他说："今天我们已经算幸运的了，可以在这个豪华的酒店里享用美酒美食，而平时呢，我们的情况是：出门是兔子，办事是孙子，回来是骆驼。"

在场的所有同事听完后都哈哈大笑。

很明显，我们发现，案例中的陈建在演讲时之所以能博

得同事们一笑，是因为他那句颇有意蕴的比喻句："出门是兔子，办事是孙子，回来是骆驼"。"兔子"是指出门为了抢时间赶车赶船跑得快；"孙子"是指为了买到所需货物不惜请客送礼，低头哈腰地向人家求情；"骆驼"是指回来的时候不仅要办好货物托运还要给老婆孩子买东西，负载很重。他用形象的比喻说明采购工作是个吃苦受累的活儿，让同事们产生了共鸣。

那么，在演讲过程中，我们该怎样运用比喻这一修辞手法呢？

1. 调动我们的形象思维，发挥自己的想象力

张爱玲的《红玫瑰与白玫瑰》中有这样一句话：

"娶了红玫瑰，久而久之，红玫瑰就变成了墙上的一抹蚊子血，白玫瑰还是'床前明月光'；娶了白玫瑰，白玫瑰就是衣服上的一粒饭渣子，红的还是心口上的一颗朱砂痣。"

这里，"红玫瑰"与"白玫瑰"之间的不同，通过这一巧妙的比喻，就显而易见了。但没有异乎寻常的想象力，是无法达到这一表达效果的。

的确，有时候，我们在演讲时的语言之所以会平淡无奇，是因为我们束缚了自己的思维。假如我们能在语言的训练中，转换角度分析，比如，可以从意义方面入手，也可以从形式方面入手；可以着眼于词语，也可以着眼于句式。这样，我们会发现，同样一句话就会产生不同的表达效果。比如，演讲中，我们原本想赞美某个听众年轻美丽，通常我们会说："您皮肤

真好……”但如果我们转换一种说法：“我终于知道为什么人们会有‘剥了壳的鸡蛋’这一说法了，原本还以为是夸张呢，今天算是见识到了。”这里运用的就是比喻的修辞手法，这样表达，更显得动听。当然，我们在表达之前，最好作一番铺垫，否则会显得唐突。

2. 灵活运用，随机应变

生活中，有些人个性害羞内向，在公共场合不敢开口，更别说灵活运用语言的艺术。一句话在普通的场合和演讲场合所产生的效果是不同的，如果不能妥善运用，随机应变，仍然无法发挥这一比喻修辞的妙处。

另外，我们运用比喻这一修辞时，需要注意的是：

（1）喻体必须使受方清楚，一般要常见、易懂。但在演讲中要会“顺手牵羊”或顺势而为，能及时从对方的信息中把握机会，创造突如其来、具有想象爆发力的比喻。

（2）比喻要贴切。必须对喻体和本体的共同点作认真的分析概括。

（3）比喻要注意思想感情。感情色彩不得体，语言表达就失去了光彩。

我们在表达的时候，若能正确运用比喻的修辞手法，一句干涩的语言就会顿时形象、生动起来！

列举事例，让讲话更具说服力

有过演讲经历的人都明白，向听众传达一些观点，如果纯粹从理论上来说明，用口号来呼吁，不但很困难，而且会让听众感觉枯燥无味。如果在演讲过程中举出一些具体的事例，则既能有效地阐述观点，说明道理，让听众信服；又能让讲话内容充实，形式活泼，让听众感兴趣。

美国南北战争结束后，有一个叫约翰·爱伦的普通人和一个南北战争中的著名英雄陶克将军竞选国会议员。陶克在竞选演讲即将结束时，说了几句很带感情色彩的话：

“诸位同胞们，记得17年前（南北战争时）的今天，我曾带兵在一座山上与敌人激战，经过激烈的血战后，我在山上的树丛里睡了一个晚上。如果大家没有忘记那次艰苦卓绝的战斗，请在选举中，也不要忘记那吃尽苦头、风餐露宿造就伟大战功的人。”

这话应该说是很精彩的，许多听众都认为爱伦必输无疑了。然而，爱伦不慌不忙，说了几句很轻松的话，便扳回了败局。他是这样说的：

“同胞们，陶克将军说得不错，他确实在那次战争中立下奇功。我当时是他手下的一个无名小卒，替他出生入死，冲锋陷阵。这还不算，当他在树丛中安睡时，我还携带了武器，站在荒野上，饱尝寒风冷露的滋味儿，来保护他。”

这话比陶克说得更高明了。因为许多听众是南北战争时的普通士兵，所以，爱伦的话更容易激起他们的共鸣。于是，爱伦击败了陶克，胜利地跨进了国会大厅。

为什么爱伦的话引起了听众的共鸣？为什么爱伦能击败陶克？因为爱伦拥有着和这些听众同样的经历，因此，当他将这些事实拿出来与听众共同分享的时候，就显得更有信服力，更容易打动听众。

那么，我们在演讲时，该如何摆事实，以获得听众的信服呢？

1. 收集来源于生活的材料

真实性要求材料必须来自于生活，是客观存在的，具有普遍意义；材料的准确性则要求讲话者自己对材料是有把握的，不能用模糊的词语，让人不敢确定。

我们讲话要有深度，除了深刻的见解，还要有充分的理由，讲道理与摆事实缺一不可。充分的事实捏造不出、假设不出，因此，这就要求事实必须建立在广泛的调查研究上，建立在平时的丰富积累上，听得多了，看得多了，想问题、讲话就容易贴近生活、贴近实际，讲话的时候才能信手拈来，才不至于有“书到用时方恨少”的感慨。

2. 语言流畅，结构严谨

我们讲话时，要有气势，这并不是指要声音大、语速快、滔滔不绝如河水汹涌，也不是指非要盛气凌人，以压倒对方为

目的的抢话。讲话的气势需要做到：

首先要语言流畅，我们在讲话过程中，要把想表达的问题以一种非常有逻辑性的语言表达出来。

其次在于严谨有致，前后内容丝丝入扣，不要有太多的破绽，不要出现前后矛盾的情况。

一个讲话既流畅又严谨的人说出来的话，即使语速不快，声调不高，也能形成一种娓娓道来、引人入胜的美好感觉，从而形成气势。要做到讲话的流畅与严谨，是需要下一番功夫的。首先，需要讲话者有良好的知识素养，能够比较快速地寻找到话语材料。其次，需要讲话者在讲话之前能对即将要讲的内容有精心的准备。最后，还需要在讲话的过程中有敏捷的反应能力，及时填补讲话的漏洞。

3. 不说空话、套话

有人讲了这样一段话："同志们，在改革的过程中，我们一定要旗帜鲜明地肯定那些应该肯定的事物，坚决否定那些应该否定的事物。我们不能只知道肯定应该肯定的事物，而不知道否定那些应该否定的事物；也不能只知道否定那些应该否定的事物，而不知道肯定那些应该肯定的事物，更不能够肯定了应该否定的事物，而否定了应该肯定的事物。我的讲话完了。"

这个讲话，等于没讲，毫无意义可言。的确，现实工作中，一些人总是说空话、说套话，甚至说假话，于是说者滔滔，费尽口舌；听者恹恹，苦不堪言。

总之，演讲，一言一语都必须具有可靠性，这样才有说服力。一段话，即使讲得非常精彩，非常有趣，但如果有一处被怀疑，讲话效果都会大打折扣。

另外，演讲时，我们引用事例要避免一个误区：事例所体现的观点与演讲主题不相关或矛盾。这样的事例，不但不能论证观点，反而会让演讲者陷入尴尬的境地。

语言漏洞少是说服力的一个基础，演讲者要从根本上说服听众，就要学会恰当引用事例，这样，讲出来的话才具有权威性，才能使听者不能不信！

妙用对比，让语言表达更鲜明

生活中，我们常说“有比较才有差距”“对比出真知”等，这就告诉我们，事物之间的区别只有在对比的情况下才能看出来。同样，在演讲中，在阐述某些观点时，也可以利用这一方法。在修辞学上，这就是对比。我们还可以将对比细分为对照和对偶。

《生活采思录·时间篇》的结尾：

“李大钊说得好：‘今天是生活，今天是动力，今天是行为，今天是创作。’

不要为昨天而叹息，我们要笑着向昨天告别。

不要空唱‘明日歌’，我们要把今天作为飞向明天的跳板。

昨天是今天的昨天，明天是今天的明天。所以，一天就是三天，这是一个生活的真谛，我们要善于把一天当作三天过！

在对今天的思考中，我们要记住这个时间的辩证法。”

其中“昨天是今天的昨天，明天是今天的明天”这一对偶句富有哲理性，又有整齐而对称的音节，听众可以从这样的表达中受到“义”的启迪，也获得“声”的愉悦。

我们来分析对照和对偶两种修辞手法：

1. 对照

对照，是把具有明显差异、矛盾和对立的双方安排在一起，进行对照比较的表现手法。让他人在比较中分清好坏、辨别是非。运用这种手法，有利于充分显示事物的矛盾，突出被表现事物的本质特征。

从构成的方式看，对比有两种情形：

（1）反面对比

（2）反物对比

对比还有反差的意思，使相反或相对事物的特征或本质凸显出来，更为鲜明、突出。

比如，这样说：“你命好，有儿子孝顺；我呢？我得孝顺儿子。”这种语义的倒置产生了强烈的幽默效果。

鲁迅在《战士和苍蝇》一文中这样说过：“有缺点的战士终究是战士，再完美的苍蝇也不过是苍蝇。”这里鲁迅把“战

士”和“苍蝇”拿来比较，犀利地讽刺了那些诬蔑革命者的所谓正人君子，以坚定的决心支持着那些投身革命的勇敢战士。

可见，把两种不同事物或同一事物的两个不同面貌放在一起相互比较，通过比较，可使事物的性质、状态和特征等更加凸显，并且鲜明地表现出说话人的立场和观点。

再如，毛泽东的《论持久战》中，用日本“小国、地少、物少、兵少”和中国“大国、地大、物博、人多、兵多”，以及日本侵略战争是“退步的，失道寡助”和中国抗日战争是“进步的，得道多助”相映衬，作对比，澄清了是非，预示了中国必胜、日寇必败的战争结局，击破了“亡国者”的无耻谬论。

2. 对偶则是在不同的领域有着不同的诠释

成对使用的两个文句“字数相等，结构、词性大体相同，意思相关”。这种对称的语言方式，形成表达形式上的整齐和谐及内容上的相互映衬，具有独特的艺术效果。

对偶以它那严谨、对称的结构以及抑扬顿挫的语音美感，使我们的说话内容产生一种引人注意、发人思考的力量。

说话中，如用对偶句或对偶式的标题，或用对偶式的段落表达富有哲理的内容，可增强语言的力量，因而对偶的形式可以有效地显示内容的辩证法则与逻辑力量。当然，任何一种说话的技巧是在长时间的说话过程中逐渐形成的，往往具有相当大的威力。

总之，公共场合参与演讲，要想让公众接受你的观点，就

要有驾驭语言艺术的能力，否则，对方即使理解你的意思，也会轻视你的水平。说不定他的内心已经同意你的想法，表面上却与你争论不休。对照和对偶的策略是很有效的，通过比较，能凸显出我们演讲观点的正确性，进而让听众认同。

在演讲中，懂得运用对照和对偶的修辞技巧，它会让听众更显而易见地理解你的观点，会让你平淡无奇的语言顿时趣味横生，进而让你迅速提升演讲语言的魅力！

明知故问，自问自答

相信任何一个参加过演讲的人都明白，平铺直叙的语言、正正经经地演讲，只会让听众觉得生硬突兀，甚至难以接受，如果我们能在说话时候故意卖卖关子，那么，就能抓住听众的注意力。在修辞手法中，先提出问题再回答，就叫作设问。

设问就是明知故问，自问自答。正确地运用设问，能引人注意，启发思考；使得讲话内容层次分明，结构紧凑；可以更好地阐述人物的思想活动；突出某些内容，使语言起波澜，有变化。

儿子："妈妈，我们学校的一个男老师爱上了一位工人。"

妈妈："这是一件好事啊，我马上把这件事写成一个剧本，好好地宣传一下。"

儿子："你们当作家的就喜欢挖掘这种题材，连这件小事

也值得写进剧本里？”

妈妈：“虽然现在是21世纪了，但有些人还是有‘门当户对’的老观念，像这样勇于冲破传统习俗的男孩子，应该好好地宣传。”

儿子：“妈妈，这个老师就是我。”

妈妈：“什么？是你，是谁同意你这么做的？”

儿子：“妈妈，你刚才不是很赞同‘我’的做法吗？”

妈妈无言以对，只得同意。

这段对话中，儿子是聪明的，为了打消母亲反对的念头，他刚开始，先提出了“男老师和女工人”谈恋爱这一事实，在得到母亲的“赞扬”后，再道明这位男老师就是自己，此时的母亲已经被定义在“开明”的一列，自然只得同意。

我们再来看下面一个演讲故事：

一个科学会议的主持人对现场在座的科学家们说：“上级领导同意我们这次提出的方案，并赠给大家十六个字：严肃认真，周到细致，稳妥可靠，万无一失。”

听完主持人的话，在场的科学家一下子觉得压力很大，有的人甚至还倒吸了一口气。

目光敏锐的主持人已经觉察到了科学家们的心思，便立即解释道：“什么叫作‘万无一失’？就是把想到的、发现的问题都解决掉，就叫万无一失。没有发现的、解决不了的，是吃一堑长一智的问题。扛枪还有卡壳的时候呢，别说这个小问

题了。放心吧，只要大家认真做了，出了什么问题，由领导负责，由我负责！”

通过主持人的一席话，完全解除了科学家们思想上的沉重包袱。

在主持人一番话中，我们发现，有以下几点值得推敲。首先，一开始，主持人就切中要害，抓住科学家们担心的问题，也就是“万无一失”。接着，他由此设问，以问题引路，自问自答，引出一段解释，从而消除了听者的疑问。

可见，善于设问，往往能够切中要害，更有效地解决问题，从而达到设想的效果。

设问，是一种常见的修辞手法，常用于表示强调作用。为了强调某部分内容，故意先提出问题。所以，每一个预备当众演说的人，都应该学习如何运用设问的修辞来增强语言的效果，为此，在演讲中，你可以这样做：

1. 先设问再回答

设问是无疑而问，演讲者自问而自答。设问是一种启发性的语言艺术。设问后，可以自问自答，也可只问不答。设问用得好，能引人注意，诱人思考，把谈话内容变得更加吸引人。设问的另一个作用是让听众产生悬念，就是引起听众一种欲知究竟的愿望。

2. 设问要巧妙

你所问的问题要巧妙，要顺理成章，做好铺垫，引人入

胜，最后一语道破玄机，否则就有故弄玄虚之感。这就好像相声里的“设包袱”，用迭宕起伏的情节，深深地吸引他人，最后再“抖包袱”，起到画龙点睛的作用，让人感觉到强烈的语言效果，从而达到自己的目的。

3. 可以先只提供部分信息，吊足对方的胃口

一般情况下，你对别人说了上半句话，对方就想知道下半句。但是突然你停住不说了，那么对方就有很强的好奇心，想知道后半句到底是什么。这就是一种好奇心。我们在表达观点的时候，也可以留一部分，给对方制造一种想要了解的好奇心。当这种好奇心在对方的心里不断地翻起来的时候，对方就会产生主动了解的欲望，此时，你再适时表明，对方一定会被你的话吸引。

当然，最重要的是，在运用这一修辞手法说话时，我们要恰到好处地把握整个谈话的进程，从而给人留下难忘、美好的印象。

总之，设问是打开我们成功演讲之门的金钥匙，恰当使用这种修辞手法，就能使听众听完后产生一种愉悦感，真切理解我们的意图。

善用排比，加强语势强调内容

现实生活中，很多情况下，人们在公共场合进行脱稿讲话或者发表即兴演说，目的是让自己的言语产生震慑人心的作

用，让听众真正信服于我们的观点。而要达到这一目的，平铺直叙的语言会显得苍白无力，此时，修辞手法的运用就必不可少。而在众多的修辞手法中，排比的运用更能达到营造语言气势的目的。

所谓排比，指的是由三个或三个以上结构相同或相似、内容相关、证据一致的短语或句子排列在一起，用来加强语势强调内容，加重感情的修辞方式。

我们来看下面一个故事：

很久之前，有个倒卖香烟的小贩，准备前往巴黎兜售香烟。来到巴黎后，他选择了巴黎小镇的一个集市。在这个集市上，他滔滔不绝地大谈抽烟的好处。

正当他兴致高涨时，突然间，从听众中走出来一位老人，连声招呼也不打，就走到台上非要讲一讲不可。那位小贩毫无心理准备，不禁吃了一惊。

于是，老人在台上站定后，便大声说道："女士们，先生们，对于抽烟的好处，除了这位先生讲的以外，还有三大好处哩！我不妨讲给大家听听。"

小贩一听老人说的这话，转惊为喜，连忙向老人道谢："谢谢您了，老先生。我看您的相貌不凡，说话动听，肯定是位学识渊博的老人，请您把抽烟的三大好处当众讲讲吧！"

老人微微一笑，立刻讲起来："第一，狗见到抽烟的人就害怕，就逃跑。"台下的人很是莫名其妙，小贩则暗暗高兴。

“第二，小偷不敢到抽烟人家里去偷东西。”台下的人连连称怪，商人则喜形于色。“第三，抽烟者永远年轻。”台下一片轰动，商人则满面春风，得意洋洋。

然后老人把手一握，说：“女士们，先生们，请安静，我还没说清楚为啥会有这样三大好处呢！”

小贩格外高兴地说：“老先生，请您快讲呀！”

“第一，在抽烟的人中驼背的多，狗一看到他们以为拾石头打它哩，它能不害怕吗？”台下的人发出了笑声，小贩则吓了一跳。“第二，抽烟的人夜里爱咳嗽，小偷以为他没有睡着，所以不敢去偷东西。”台下的人一阵大笑，小贩则大汗直冒。“第三，抽烟的人很少有长寿的，所以永远年轻。”台下的人一片哗然。

此时，大家一看不知什么时候倒卖香烟的小贩已经溜走了。

这里，老人为了制止小贩兜售香烟的不当行为，并没有直接上台与小贩对决，而是曲线救国，运用了三个极妙的排比句，步步深入地对小贩的言论进行反驳，理亏的小贩能不溜走吗?

从这里，我们可以看出排比在语言运用中的作用，恰当运用排比，能让我们的演说语言显得气势磅礴、层次分明、富有节奏感，演讲者说话时能朗朗上口，让听众听起来悦耳悦心，能获得好的演讲效果。

我们再来看看罗斯福总统是如何运用排比修辞来演讲的：

“二战”期间，在珍珠港事件后，罗斯福在国会上发表

演讲，他慷慨激昂地说："昨天，日本对夏威夷群岛的进攻，给美国海军造成了严重损害……""昨天，日本政府发动了对马来西亚的进攻。""昨天，日本军队攻入了香港。""昨天，日本军队攻陷了关岛。""昨天，日本军队登陆菲律宾群岛。""昨天，日本进攻了威克岛。""昨天，日本人进攻了中途岛。"

这里，罗斯福连用了七个"昨天"进行排比，让人们看到日本军队在两日内的猖狂行为，让美国人民知道美国所面临的危险，从而激发大家同仇敌忾的勇气和与敌人战斗的决心。

当然，脱稿演讲中，排比句的运用，也不是多多益善的，需要注意场合与语境。具体说来，我们需要注意的是：

1. 以实际需要为出发点

你不能为了追求演讲语言的形式美而勉强去拼凑排比句，否则只会适得其反。

2. 灵活选择排比的形式

排比的种类有成分排比、分句排比、单句排比、复句排比。无论是词的排比、句的排比、段的排比都是可用的形式，不必拘泥于其中一种。

3. 掌握使用的度，适可而止

总之，演讲的语言要做到引人入胜，就必须气势磅礴，而排比是最能提升语言气势的修辞手法，可以让听众感受到一种气势如虹的力量，进而使得我们的语言更有威信。

第10章

肚里有货嘴上有词：血肉丰满的语言更具吸引力

生活中，什么样的讲话更具吸引力呢？肯定不是空洞乏味的语言，也不是几句粗鄙之言，而是那些经过修饰的语言。当语言更加血肉丰满，才显得生动，更容易打动人心。

储备知识，才能口吐莲花

现实生活中，一些人一到公众面前就笨嘴拙舌，他们总是抱怨上天没有给他们一副好口才。其实，演讲口才的好坏和天赋并没有多大的关系。上天可能在人类容颜上存在一些偏心，但是在口才方面却是绝对公平的。杜甫诗云“读书破万卷，下笔如有神”。的确，我们只有通过不断的知识积累才能够笔下有物，不至于词语枯竭，思维阻塞。其实说话和写文章是同样的道理，两者只是口述与用笔的不同罢了。目不识丁的人永远不可能口吐莲花，脱离了文学知识的修养，便不会有口吐莲花的口才，一切只能是不切实际的幻想而已。缺少知识，就不会对事物有一个正确的见解。

俗语说，“冰冻三尺，非一日之寒”。想要成就一次精彩的演讲，想要一开口就能言之有物，一方面要掌握一定的演讲技巧，另一方面要注重平日里的锻炼和学习，充实自己的内在。

常言道：“工欲善其事，必先利其器。”要想会说话，说好话，首先必须充实知识，掌握知识这一利器。因为知识积累可以丰富口语表达的内容，可以使口头表达更加准确，可以使口语表达更加生动。

从这里，我们可以发现，知识储备对于一个演讲者的重要

性。我们再来看下面一段精彩的演讲：

“为什么宝玉把爱情转移到了潇湘馆呢？这不仅仅是因为黛玉有妩媚的容貌，更主要的是黛玉追求的是高尚精神生活，有与腐败的现实生活相悖的丰富内心世界；是因为他俩有共同的理想，共同的爱憎，共同的语言。他俩相亲相爱，黛玉每天用高尚的、纯洁的、专一的爱情影响着宝玉；宝玉每天用自己美好的心灵影响着黛玉。正像王熙凤所说：黛玉如同一盏美人灯。这盏小灯不是用油点燃的，而是用她的爱情、眼泪和辛酸。在那漫长的如漆一般的封建黑夜里，正是这盏灯，照亮了宝玉的爱情道路，使宝玉的精神境界得到升华。”

这一段演讲没有华丽辞藻，却不得不让我们点头称是。其中，演讲者若不是对《红楼梦》个中人物的一番细细剖析，又怎能有这番感悟？同样，任何一个演讲者，在演讲中，不仅要“能说话”，还要“会说话”，因为口才是恰当的语言与熟练的应用技巧的结合，而要做到“会说话”，平日里一定要注意积累。

知识是人们在社会实践活动中所获得的认识和经验的总和，是口语表达内容的坚实基础，也是形成优秀口才的必需。卡耐基在《语言的突破》这本书中强调：“在这个世界上，全新的事物实在太少了。即使是伟大的演说者，也要借助阅读的灵感和来自书本的资料。”

对于脱稿讲话来说，演讲的重点在“讲”，口才在演讲中

的重要性由此可见。对需要演讲的我们来说，写好了演讲词，不一定就讲得好；而要想讲好，必须能写出好的演讲词。正如一个歌唱家歌唱的前提是作曲家能作出动听的曲子。真正的演讲家，既要善写，还要会讲，即既要有文才又要有口才。因为一个人的演讲内容，直接体现的是掌握各种知识的程度，也就是说，一个有实力的演讲者，必定是个兼备超凡脱俗的智慧、有深刻广博的思想内容和完美的演讲技巧的人。我们只有做到博学多识，才能在演讲中旁征博引，让演讲更具吸引力。

你若希望博闻多识，以培养自己的演说语言，可以从以下三种途径获得：

1. 系统学习语言基础知识

这里的语言基础知识，指的是语法、逻辑和修辞方面的知识，以提高口语表达的正确性、生动性和严谨性。

2. 系统地学习和掌握副语言特征和体态语言等方面的知识

副语言特征主要包括音质、音强、音色、语气、语调、语速、节奏等，体态语言主要包括表情、神态、动作、身姿、手势等。

系统地学习和掌握这些知识，以便更好地展现演讲者的精神风貌、情绪感受和个性特征。

3. 坚持积累和吸收优秀的语言养料，做好词句的积累

古往今来的实践证明，不断地在生活中为自己补充新鲜的语言信息，是提高语言素养永不枯竭的源泉。

而要提高语言知识养料，方法众多，日常生活中，你可以借鉴经典名家的演讲、大量阅读中外名著、与时俱进在现实生活中学习那些有生命力的活语言等。

另外，在日常生活中，我们还应广泛地阅读。古人有言"家事国事天下事，事事关心"，那么要想成为一个关心天下事的人，就要进行广泛阅读。从报纸、杂志、书本上了解社会动态，国家大事，通过对这些动态和变化的了解和思考，来提升你的分析能力和辨别能力。

平日里，我们每天都要和报纸、杂志和书本打交道，那么在阅读的时候，最好养成做笔记的习惯，准备一支笔和一个笔记本，把一些好的句子和观点记下来，哪怕是每天只记上一两句，但是随着时间的推移，就会积土成山，你的文化修养也就有了显著的提高。文化修养得到提升之后，看问题就会更深刻，就能够通过现象认识本质，从而在讲述一些问题的时候也就避免了盲目和肤浅。

积累好词好句，讲话随手拈来

演讲，不可缺少的是优美、精练的好词好句，这些词句巧妙组合才形成了一次精美的说话。美国前总统，同时也是世界闻名的演说家林肯就喜欢积累一些好词好句，当他看到或听到

一些较好的词句就会用纸条写下来，然后放在自己的帽子里，便于经常阅读和记忆。当他正式讲话时，就可以巧妙地将那些平时积累下来的词句融入话语中，这个不寻常的习惯铸就了林肯一次又一次的成功演讲。因此，如果想真正提升自己的文化内涵，那就需要注重积累你所听到的好词好句，并将之转化成自己说话的内容，这无疑会为自己的讲话添枝加叶。

当然，这些好词好句可以是古今中外的名言名句，因为它有着较强的说服力。那些名言名句或者是名人生活经验的总结，或者是智慧灵感的闪现，往往富有哲理，发人深思。如果你在说话中引用一些名言名句，不管是对增强话语说服力，还是增加话语感染力，都是很有帮助的。除了那些名言名句以外，平时你还可以多积累看到的优美的词句，或是人们说出的有意思的语言，或者是颇有哲理的句子，等等。

在一次记者招待会上，某领导引用两位中国伟人的诗句来概括自己“今年和今后的工作”。一句引自毛泽东《忆秦娥·娄山关》“雄关漫道真如铁，而今迈步从头越”，另一句则引自战国时代楚国爱国诗人屈原的《离骚》“路漫漫其修远兮，吾将上下而求索”。在回答记者关于反腐败问题的提问时，他借用郭沫若著名史论文章《甲申三百年祭》，从“胜利使人骄傲，腐败使新生政权灭亡”的角度，分析了明末李自成农民起义失败的惨痛教训。

在回答俄罗斯记者有关中俄关系的提问时，引用了俄罗斯

谚语“是上帝让我们两国成为邻居”，以说明中俄友好合作的必要性和必然性。在谈到台湾问题时，他还回顾了当年满清政府被迫割让台湾给日本的屈辱的《马关条约》。还连续引用台湾近代爱国诗人丘逢甲和当代乡土文学家钟理和的诗句“春愁难遣强看山，往事惊心泪欲潸。四百万人同一哭，去年今日割台湾”“原乡人的血，必须流返原乡，才会停止沸腾！”来表达他对祖国统一的热切期望，就连在场的台湾记者也感到，有必要求助于资料库了。

这位领导者善于将自己脑海中的诗词、典故、格言、谚语等，巧妙运用于所要表达的意思当中，言简意赅。可以说素养之深厚，情感之细腻，爱心之深沉，让听者为之动心，为之动容，让一种升腾的美好情愫迅速撞击听者的心灵，让感动涟漪的冲击波缓缓扩散。当然，我们在听到这么多有哲理的名诗名句的同时，也感受到了这位领导者深厚的文化底蕴。

不管是名言，还是警句，积累越多，对我们说话就越有帮助。当我们在说无私帮助的问题时，引用“送人玫瑰，手留余香”进行论述，简洁明了，说理深刻，并且给人美的感觉；我们在“企业评政府”的演讲中则可以引用《梁史》中“屋漏在上，知之在下”这句古语，简洁、深刻地说明了“企业评政府”“下评上”的意义，从而给听众留下深刻的印象。

但在具体使用这些好词好句时还需要注意以下几个问题。

1. 学会用自己的话阐述

有的好词好句包含的意义比较多，这时候，你就要善于用自己的话来对这些名言进行陈述。如此可以令自己更容易掌握这些说话的内容，也能使听众更容易明白。

2. 准确地使用

在使用好词好句时需要注意其含义的准确性，尤其是一些名言警句，不能把它们念错了，否则不仅不能增添语言色彩，反而会闹笑话。引用好词好句还应有话语的情境相协调，引用最能说明问题的词句，并且要适可而止，不能滥用。

3. 尽可能地使用原文

比如，引用奥斯特洛夫斯基所说的原句“人的一生应当这样度过：当他回首往事的时候，不因虚度年华而悔恨，也不因碌碌无为而羞愧。”来谈人生意义，说理性很强。

引用较好的词句是人们在讲话时经常会用到的手段，将自己的观点以及看法用较好的词句表达出来，可能比自己的语言更具说服力。许多名家在讲话时都经常采用这样的方法，让听众感觉到字字掷地有声。

引用有寓意的小故事，增强文化底蕴

通常说话本身带来的感染力是较少的，毕竟你所说的大

多都是枯燥呆板的内容，你可以看看大多数的公众场合的说话，无一例外的都是“第一、第二、第三”，诸如此类的条条框框，整个说话过程没有丝毫的趣味性。而对于听众来说，他们更希望听到一些有趣的内容，如有寓意的小故事，从这些故事中得到启发，这样的说话不仅能调动听众的积极性，同时也有效地增强说话的趣味性。如果说话者能在说话过程中引用一些有寓意的小故事来阐述道理，那无疑可以增强说服力和感染力，使语言表达言之有据、生动形象。当然，要想做到这一点，我们首先需要做的就是多积累那些有寓意的小故事，有效地增强自己的文化底蕴。

有一次，孙中山在广东大学做关于民族主义的演讲。礼堂非常小，听众很多，天气闷热，很多人都没精打采。孙中山便穿插一个故事：

那年我在香港读书时，看见许多苦力聚在一起谈话，听的人哈哈大笑。我觉得奇怪，便走上前去。有一个苦力说：“后生哥，读书好了，知道我们的事对你什么帮助。”又一个告诉我：“我们当中一个行家，牢牢记住那马票上面的号码，把它藏在日常用来挑东西的竹杠里。等到开奖，竟真的中了头奖，他欢喜万分，以为领奖后可以买洋房、做生意，这一生再也不用这根挑东西的杠子过活了，一激动就把竹杠狠狠地扔到大海里。不消说，连那张马票也一起丢了。因为钱没有到手先丢了竹杠，结果是空欢喜一场。”

孙中山风趣的话，引来台下一片笑声。孙中山接着回到本题："对于我们大多数人，民族主义就是这根竹杠，千万不能丢啊！"

在这里，孙中山穿插了一个很有趣的小故事，而且通过这个小故事阐述出"民族主义就是这根竹杠"的深刻道理。如果孙中山继续按照之前的说话，那估计大多数人都支撑不下去了，因为内容太枯燥了。而有着深厚文化底蕴的孙中山适时穿插了一个有趣的故事，让那些昏昏欲睡的人清醒过来，同时让自己的讲话取得了很好的效果。

战国时代，齐国有一个名叫淳于髡的人。他的口才很好，也很会说话。他常常用一些有趣的隐语来规劝君主，君王不但不生气，而且乐于接受。当时齐国的齐威王，本来是一个很有才智的君主，但是，在他即位以后，却沉迷于酒色，不管国家大事，每日只知饮酒作乐，而把一切正事都交给大臣去办理，自己则不闻不问。因此，政治不上轨道，官吏们贪污失职，再加上各国的诸侯也都趁机来侵犯，使得齐国濒临灭亡的边缘。

虽然，齐国的一些爱国之人都很担心，但却都因为畏惧齐王，所以没有人敢出来劝谏。有一天，淳于髡见到了齐威王，就对他说："大王，为臣有一个谜语想请您猜一猜：某国有只大鸟，住在大王的宫廷中，已经整整三年了，可是它既不振翅飞翔，也不发声鸣叫，只是毫无目的地蜷缩着，大王您猜，这是一只什么鸟呢？"齐威王本是一个聪明人，一听就知道淳于

髡是在讽刺自己，像那只大鸟一样，身为一国之尊，却毫无作为，只知道享乐。齐威王于是沉吟了一会儿便毅然地决定要改过，振作起来，做一番轰轰烈烈的事，因此他对淳于髡说："嗯，这一只大鸟，你不知道，它不飞则已，一飞就会冲到天上去，它不鸣则已，一鸣就会惊动众人，你慢慢等着瞧吧！"

淳于髡所引用的"隐语"实际上就是讲故事或者举例子，把自己劝谏的内容通过隐晦的方式传达给君王，这种进谏方式无疑会受到君王的喜欢。而且，齐威王本人也是一个非常有智慧的人，他很喜欢听隐语，虽然他不喜欢听别人的劝告，但淳于髡这样婉转的劝告却让他愉快地接受了。在一番言语之中，齐威王接纳了淳于髡的劝告，意味着他的心理受到了影响。

为了增强自己的文化底蕴，我们需要多多积累有寓意的小故事，而且在具体操作时还需要注意以下几个问题：

1. 多积累发生在身边的故事

多积累身边普通人普通事，因为那些伟大的人、伟大的事固然感人，但毕竟与普通人的生活距离较远，这样不会引起听众的兴趣。如果积累一些身边的事情，用听众身边人、身边事来启发听众，对听众更有说服力，效果会更好。

2. 多积累有寓意的历史故事

中华民族历史悠久，留下了光辉灿烂的文化，其中那些有寓意的小故事可谓是数不胜数，历史故事有其特有的生动性、趣味性和深刻性，对于说明道理，吸引听众有着十分重要的作

用。比如，说“兼听则明”的道理，肯定会列举“唐太宗从谏如流”或“唐高祖广纳众议”这样的历史故事。

收集电视节目里有价值的材料

每天我们几乎有一部分时间都会用于看电视，当然，对于工作较忙的人来说，这样的时间会少一些。通常人们看电视都是为了打发时间，或是排遣寂寞。而且在看电视时主要都是依据个人兴趣爱好，比如，有人喜欢听音乐，有人喜欢看电影，有人喜欢看财经类、新闻类、体育类等节目。不过，在看电视的过程中，我们都容易忽视电视节目给我们带来的另一个作用，那就是节目中的某些故事、某句台词会成为构成我们说话内容的素材。这样的作用是自然而然的，有时你在说话时会不自觉地说“我那天看到的那个感人故事，真的是一边流泪一边看完的”“昨天新闻报道了一个奇怪的现象”等，诸如此类的话语，其实你就是不知不觉地引用节目中报道的内容。

当然，在节目中挖掘出说话时所需要的材料，还需要我们选择合适的电视节目。人们看电视节目的目的就是放松心情，当一天工作结束，精神疲惫，希望通过娱乐性较强的节目来放松自己，使自己得到休息。在这种情况下，人们很少会想到通过节目来学习积累知识和说话素材，他们更容易被那些娱乐性

节目所吸引，如选秀节目、肥皂剧等。诚然，并不是说娱乐性的节目就不能挖掘到可用的素材，而是相比那些有品位的节目，这些娱乐性节目提供给我们的说话材料较少而已。虽然，看电视节目是一种休闲活动，但我们还是尽量选择那些稍微有品味位有价值的节目。

《杨澜访谈录》是由杨澜创办并亲自主持，与上海东方卫视合作的一档新的访谈节目。栏目以精彩人物、精彩话题为主要特色，关注人的性格特征和独到见解，以历史的深度和广度，表现个体与社会的相互作用，寻找人类智慧的光芒。节目定位锐意求新，突出人文和国际化特色。

《杨澜访谈录》自1998年1月创立以来，已访问包括美国前国务卿基辛格、美国著名电视主持人克朗凯特、中国副总理钱其琛、澳门行政区行政长官何厚铧、前国家主席刘少奇夫人王光美、中国著名声乐教育家周晓燕和国际传媒大亨默多克等在内的近两百位来自海内外在政治、经济、科技、文化等领域具代表性的知名人士反响强烈，收视率居高不下。

《杨澜访谈录》是阳光卫视制作的名牌访谈节目，如果你能长时间观看此类节目，就可以从中了解政治、社会、文化、经济等各方面的不同知识，从而增长自己的见识，拓宽自己的视野，这一档名人访谈节目是值得我们关注的。

从那些电视节目中我们可以发现什么样的说话素材呢？

1. 感人的故事

在每个电视台，差不多都有真人真事的报道，从这些节目中我们可以更多地了解到一些感人的故事。比如，智障妈妈独自抚养一个弃婴，这样感人的故事可以穿插在我们当众说话中，当然，在使用这些材料时还需要考虑是否恰当。

2. 经典的台词

最近几年，几乎每年网上都有一些对于本年度最流行语言的总结，比如，那些经典的台词，主持人颇有哲理的一些话语，都可以成为我们说话内容的组成部分。

3. 热点新闻以及时事动态

每天发生了哪些比较热点的事情，以及最近的时事动态，也都可以成为我们的谈资。工作之余，你不妨将自己所了解的新闻以及时事和同事分享，展示你知识的广博度。

第 11 章

好的心理素质助你稳定发挥：说出想说的关键内容

讲话虽然简单，但也需要足够的勇气，即良好的心理素质。当我们对自己充满信心，脑中有讲话稿，就不愁说不出关键内容。这是因为好的心理素质助我们稳定发挥，从而说出重要的内容。

积极的情绪体验，增强自信心

在现实生活中，一些人在脱稿讲话前，就像如临大敌一样心惊胆颤，有着诸多的这样或那样的担心，比如，在讲话过程中总是设想自己会犯语法错误，或总担心自己讲着讲着会突然停顿下来，讲不下去了，这就是一种反面的假想，它很可能会抹煞我们对演讲的信心。这就是人们常说的“演讲恐惧症”，属于恐惧症的一种，其实我们对某一件事情越是过分注重，我们就越容易焦虑和紧张，行为上就越放不开手脚，反映在身体之上就是心跳加快、手脚发抖、说话嗑巴、大脑空白等，其实，有这些身心表现都是很正常的。对于这种情况可以使用积极自我暗示的方法。暗示对人的心理影响是极大的，我们都能看到人在不良的心理状态下发挥是不正常的。

当然，要做到自我暗示，保持积极的地情绪体验，还需要我们在日常生活中积累自信心。

在美国，罗斯福被视为勇气的象征，他的经历会告诉你答案。

罗斯福曾经是个很胆小的人，在后来练习了如何获得勇气之后，他才成为一个勇者。

在他的自传里，有这样的内容：“因为小时候我的身体弱

小、体质很差、病病歪歪，又很木讷和笨拙，所以，年轻的时候，我常常对自己没什么信心，为了获得信心，我常艰难地训练自己，这不只是身体上的训练，更是对灵魂的淬炼。”

他这样描述自己是如何改变的：“孩提时代，我在马利埃特的一本书里读到过一段话，这句话对我的一生影响都很大，一直在我的脑海里。书本里讲述了一位英国小型军舰的舰长，向故事的主角讲述了怎样才能做一个气宇轩昂的人，怎样才能变得无所畏惧，他说的是：‘开始时，当每个人行动前，都会有一种畏惧心理，此时，应该学会驾驭自己，让自己表现得一点也不畏惧，就这样持之以恒，然后你会发现，原来只是假装的勇敢现在真的实现了，他只不过是练习拥有无畏的精神，竟然在不知不觉中真的变得勇敢无畏了。’”

“这就是我训练自己的理论来源，刚开始，我害怕的事情确实很多，树林里的灰熊、街上的枪手，但是我故意装作不害怕的样子，慢慢地，我就真的不害怕了，如果人们愿意的话，其实也是能和我一样的。”

心理学家认为，内控的人认为自己可以掌握一切，外控的人认为自己事事受制于人。如果你不相信，也不愿意去克服，那么谁都无能为力。可见，任何人，在演讲前，都要克服自己的恐惧，并学会一些消除恐惧的方法，只有这样，你才能不断消除表达时的恐惧，成为一个会说话、会表达的人。为此，你可以试试下面四种方法：

1. 融于自己的题材中

选好题材后，你需要依照计划加以整理，并请你的朋友来帮你查看一下你的准备是否充分。你还必须告诉自己，我选择的题材是有意义的，这是伟人们的态度——坚信自己。怎样才能让自己获得这样的信念呢？你需要详细地研究你的题材，然后告诉自己你的演讲是具有重要作用的，将会帮助你的听众，使他们变得更美好。

2. 避免去想那些可能让你产生不安的事情

很简单的道理，假如演说还没开始，你就老想着自己可能会犯语法错误，或者在演说中途会有听众站起来刁难你，再或者你的演说突然中断、想不起演说词的话，那么，也许你还未开口，你就无法开口了，因为你已经没有了信心。在开始之前，你要做的是把注意力从自己身上转移开，你可以先听听其他的演说者说什么，把注意力放到他们身上，这样，你在登台之前就没有那么紧张不安了。

3. 给自己打气

只要你演说的题材不是可以用生命捍卫的远大目标，那么，在开口之前，你都有可能会怀疑自己的题材，会担心自己适不适合这个题目，会担心能不能引起听众的兴趣，甚至有可能更改题目。

其实，此时，你的自信是被消极思想毁了，你应该为自己打气，用浅显的话鼓励自己，告诉自己演讲题目是适合自己

的，因为这都是你的经验之谈，是你对生命最真诚的看法，你最有资格谈论这一话题。所以，全力以赴吧。

4. 表现出自信

美国著名的心理学家威廉·詹姆斯说过这样一段话："行动看似是在感觉之后，但事实上它们是同时发生的，行动受控于意志，通过制约行动，我们也可以间接制约感觉，但事实上，感觉是不被意志控制的，因此，假如我们已经失去了原有的自然的欢乐，那么，使自己欢乐的最佳方法，就是表现出快乐，快乐地坐着、站着或者说话，好像你本来就很快乐一样，如果这样都不能让你快乐起来的话，那么，真的是没有办法了。"

"所以，让自己表现得勇敢，看起来本来就是勇士，然后运用这一意志达到目标，那么，勇气就会逐渐取代恐惧感。"

所以，记住詹姆斯教授的劝告吧。为了培养勇气，面对听众的时候，不妨表现得好像真有勇气一样。在做足准备、将一切演讲内容都了然于胸之后，不妨轻松地大步跨出去吧。

卸下恐惧的包袱，大胆开口说

我们任何人都明白，一个人要想在公共场合做脱稿讲话，就要自信满满，而恐惧是良好表达的天敌，一个人在"不敢说"的前提下是"说不好"的，唯有卸下恐惧的包袱，在语言

中注入自信的力量，你才能成为一个敢于表达的人。

卡耐基称自己一生都在致力于帮助他人消除紧张不安的心理。曾经在美国有一个调查，人类的14种恐惧中，排在第一位的恐惧你知道是什么？是当众说话！在一群人面前说话真的有这么恐怖吗？可能你也有这样的经历，学生时代，你活泼开朗，和同学们打成一片，但只要老师让你上讲台朗诵课文，你就面红耳赤，甚至结结巴巴。

所谓紧张感，就是指一个人与长辈尊者、陌生人见面，特别是与异性初次见面，或者在人多的场合发言时，所表现出来的不安的、慌乱的感觉，或者说怯场。怯场一般是由于情绪过分紧张所致。在紧张情绪状态下，人的大脑皮层中形成了优势兴奋中心，从而使记忆中枢的内容处于被抑制状态，具体表现是回忆不起熟悉的知识。怯场心理属于一种情境焦虑。

这种紧张的表现因人而异，一般表现为脸红、手足无措、声音颤抖、流汗等现象，严重的还会无法开口说话或者晕倒。

各种不同的学科专家有不同的观点。有人认为紧张是人们保护自己、提高自己声望而产生的一种行为的反抗态度，也有人认为紧张与个人气质、性格和情绪有关，还有人认为是一种恐惧情绪。

卡耐基提出：只有一个人能够治疗你的恐惧和紧张，那就是你自己。我不知道还有什么办法比“忘我”更好。当你感到害羞、胆怯、不安时，立刻把心思放在别的事情上，忘记自

己，人脑是不可以同时思考两件事的。

那么，如何忘记自己呢？其实很很简单，其中一个重要的方法就是抱着“居高临下”的心态面对听众，举个简单的例子，老师在学生面前、父母在子女面前、领导在下属面前，都是有一种心理优越感的，他们在说话的时候，常常会俯视对方，把自己当成主导者，也就少了很多紧张感。

因此，所有演讲大师都建议，在演讲前，如果你感到紧张，那么，不妨学学阿Q，来点精神胜利法，采取居高临下的心态。

我们不妨先来看下面的故事：

妞妞是一名大一新生，她是全年级新生成绩最好的学生，作为学生代表，学校希望她能为大一新生做一次讲话。在知道了这一消息后，妞妞坐立不安，她虽然成绩优异，但却从没有在众人面前演讲过，以前老师也推荐她登台表演或者讲话，但是她都推托了。

这天晚上，妞妞准备在网上找一些资料组织演讲内容，巧的是，她遇到了大自己一届的学姐，学姐也是“学霸级人物”，妞妞心想，可以问学姐一些关于演讲的问题。

切入正题后，妞妞问：“学姐，我听说你以前也经常在全校师生面前演讲，你不紧张吗？”

“紧张啊，在所难免的。”

“那你是怎么克服的呢？我下周也要进行一次演讲，现在

还处于担惊受怕中。”

“其实不用害怕，我有个方法，是我从那些演讲大师那儿学来的，你走上演讲台后，可以暗示自己，台下这些人都欠了你的钱，用一种俯视一切的心理，就没有什么好怕的了，实在不行，你可以把台下的人都当成空气，假设他们不存在，那还有什么好担心的呢？”

“学姐，你说得对，这应该是个不错的方法。”

……

按照学姐的方法，演讲时，妞妞发现自己真的不那么紧张了，演讲结束，当她听到一阵阵掌声时，她知道自己人生的第一次演讲成功了。

对于很多演讲者尤其是初次演讲者，可能都有案例中妞妞的这种担忧，害怕自己没讲好话，演讲时紧张得甚至说不出来话等。其实，面对这种情况，你可以采取和妞妞一样的方法，以“居高临下”的心态对待听众，恐惧感将无所遁形。

具体说来，你可以选用以下两种方法：

1.“居高临下”“漠视听众”

这里，不是说我们要目空一切、看不起听众，而是让我们学会站在更好的心理位置去掌控自己的紧张心理。

2. 当一个神气的债主

对于消除紧张心理卡耐基先生最有经验，而在他的众多经验中最基本的就是：“你要假设听众都欠你的钱，正要求你

多宽限几天；你是神气的债主，根本不用怕他们。”把身体站直，然后开始信心十足地讲话吧！好似他们每个人都欠你的钱，你在催他们还债，假想他们聚在那儿是要求你宽限还债的时间。这种心理作用对我们大有帮助。

无论是身经百战的演讲大师还是最初面临听众，我们总会经历一些恐惧，一些震击，一些精神上的紧张，这是正常的。只要你能占据心理优势地位，所有思维顾虑都会一扫而光。

当众演讲，紧张是很正常的反应

我们任何人都明白，一个人要想在公共场合做好演讲，最主要的前提就是自信，而害怕、恐惧则是良好表达的天敌。爱默生曾经说过：“恐惧比其他任何事物都更能击败人类。”即便那些演讲大师，也会紧张，只是在逐渐的努力中，他们克服了恐惧。

在长辈、朋友和同学的眼中，玲玲是个自信大方的女孩，在与周围人打交道的过程中，她总是表现得成熟稳重、落落大方，她最出色的才艺就是演讲。而其他同学则害怕在众人面前说话，当别人问到玲玲“为什么这么自信”时，玲玲都要讲起小时候的故事——从小到大，父母都特别宠爱她，然而，玲玲在过去其实是一个很害羞的女孩子，每每家里来了亲戚或者去

谁家做客，她都会躲起来；她一在生人面前说话就脸红。后来，为了帮助女儿克服恐惧，父母鼓励玲玲经常在众人面前说话，比如参加社区的少儿才艺比赛，上课时要积极发言，说来也奇怪，过了一段时间，玲玲好像变得自信多了，而现在的玲玲已经长大成人了，她已经在一家知名的文化单位找到了满意的工作，她始终是个特别自信、特别阳光、性格开朗、人缘好的女孩。

这里，我们看到了一个胆小害羞的女孩在当众说话过程中逐渐变得健谈、自信起来。

可能有些人会说，我一在众人面前说话就紧张，该怎么克服呢？对此，你可以做到以下几点：

1. 准备充分，自信上场

准备充分，自然能自信上场。也就是说，在你开口前，你要想好自己到底想表达什么，怎样才能表达好，做好这几方面的准备，就没什么可担心的了。

2. 承认紧张心理的存在

你应该想到自己的紧张是正常的，很多人在某种情境下可能比你还紧张。不要与这种不安的情绪对抗，而是体验它、接受它。要训练自己像局外人一样观察你害怕的心理，注意不要陷到里边去，不要让这种情绪完全控制住你："如果我感到紧张，那我确实就是紧张，但是我不能因为紧张而无所作为。"此刻你甚至可以选择和你的紧张心理对话，问自己为什么这样

紧张，自己所担心的最坏的结果可能是怎样的，这样你就做到了正视并接受这种紧张的情绪，坦然从容地应对，有条不紊地做自己该做的事情。

3. 积极暗示，缓解心理压力

你不妨以林肯、丘吉尔这些成功的演讲者为榜样，他们的第一次当众演讲都是因紧张而以失败告终的，并在心里作自我暗示：紧张心理的产生是必然的，也是不能避免的，我不该害怕，我只要做到认真说话，就一定能说好。抱着这样的心理，你的紧张心理会慢慢缓解下来。

4. “漠视”听众，不必患得患失

法拉第不仅是英国著名的物理学家和化学家，也是著名的演说家。他在演讲方面取得的成功，曾使无数青年演讲者钦佩不已。当人们问及法拉第演讲成功的秘决时，他说：“他们（指听众）一无所知。”

当然，这里，法拉第并没有贬低和愚弄听众的意思。他说的这句话是要告诉我们，建立信心，才能成功表达。

事实上，可能很多人在当众演讲的时候，过多地考虑了听者的感受，害怕听者能听出自己的小失误，其实，你大可不必有这样的想法，因为，在说话时，谁都可能犯点小错误，没有谁会放在心上。再者，即使讲错了，只要你能随机应变，不动声色地及时调整，听者是听不出来的，即使有人听出来了，也只会暗暗钦佩你的灵活机智，对你会有更高的评价。

任何人，在演讲前，都要克服自己的恐惧心理，并学会一些消除恐惧的方法，只有这样，你才能不断消除表达时的恐惧，成为一个会说话、会表达的人。

释放压力，才能轻松自如讲话

生活中，我们在公共场合发表观点，希望能打动听众，让听众接受我们的看法，进而按照我们的想法去行事，正是对演讲目的的渴望，让我们产生了紧张心理。一些人还未站上演讲台，就会幻想失败时的沮丧、说错时的尴尬，也有一些人，他们对自己的要求太高，决不允许自己出错，正是因为这样的心态，导致他们的心理越发紧张。其实，只要我们看淡演讲，允许自己丢脸和失败，就能减轻心理负担的。

在观众和同行眼里，窦文涛是个口才极好、能说会道的人，有“铁嘴”之称，但谁知道，小时候的他却是个说话口吃的孩子。

一次，学校要组织一次演讲比赛，老师将这个任务交给窦文涛。这天，老师把窦文涛叫到办公室。

“演讲要怎样讲呢？”窦文涛这样问老师。

“很简单，就像你平时写作文一样，先写好了，然后上台的时候背出来就可以了，很简单的。”

“那好吧。”窦文涛犹犹豫豫地答应了。

接下来，窦文涛就开始为演讲的事做准备了，他先写了稿子，然后开始背，还经常让妈妈来考他，一篇演讲稿是难不倒聪明的窦文涛的，妈妈无论问到哪里，他都能倒背如流。

演讲比赛那天，窦文涛兴高采烈地上了演讲台，当他登台的那一刻，他有点不知所措，好像场景和家里背诵演讲稿不大一样。在家里，听众只有妈妈，现在是全校师生，他有点慌了。但他还是决定先背诵第一段，接下来是第二段，都挺顺利。但是到第三段，他突然一个字也想不起来了。怎么办？看到台下的人，大家都在交头接耳，窦文涛一紧张，居然尿裤子了。他赶紧跑下台。

第二天窦文涛来上学，也觉得挺难为情，好像全校女生都在看他。

老师来找他：“窦文涛，昨天你的表现还是不错的，你背诵完了两段，如果全部背完，我觉得是一定可以拿到名次的，昨天几个校领导也在，他们觉得你是可以参加市里的演讲比赛的。你愿意去吗？”

“去！”没想到他竟答应得很痛快。为什么呢？

在窦文涛的回忆里，他说：“当众尿裤子，还有什么比这更丢人的，这都不怕了，还有什么可怕的。”他说：“从此之后我就有点变化了，反正已经不要脸了，还有什么所谓呢？”卸下这个包袱之后，我觉得自己还行，也能经常在这种场合露露脸。

正如窦文涛所说的，只有放下面子，允许自己丢脸，才能真正放下说话时的包袱，才能敢说话，进而说得好。

具体来说，你可以做以下几点心理调整：

1. 不要有强烈的求胜心理

强烈的求胜动机必定会导致沉重的心理负担，结果便会引发焦虑情绪的产生，演讲结果也只能是事与愿违。

实际上，演讲的意义有时候并没有我们想象的那么大，只是在听众面前展示自己的观点而已，如果你把演讲的意义片面夸大，甚至把演讲与个人终身的成就、事业和幸福等紧紧联系在一起，演讲还未来临，就已经惶惶不可终日了。

2. 放下面子，允许丢脸

在中国人的传统观念里，面子是最重要的。当众说话是一件有面子但却也是丢面子的事，害怕丢脸，也会给自己带来心理压力，如果你能放下面子，敢于“不要脸”，那便能进入心态自由和无我的状态，也就没什么可担忧的了。

3. 允许犯错

即使是学校里经常上讲台的老师，或者是职业的演讲家，也都会出错，更何况那些初次登台的人。

因此，你要告诉自己，话讲不好是正常的。讲话中出现讲错话的情况，不要觉得沮丧。因为我们每个人都要允许自己有一个成长的过程，当众讲话也是如此，你要允许自己在缺少经验和技能生疏的情况下讲不好，允许自己犯错误，这是再正常

不过的事情了。

4. 平常心面对失败，就能以平常心说话

这又是非常重要的一点。“一定要成功，绝不能失败”，我们经常听到这句振奋人心的话。但大家想一想，这句话现实吗？

没有绝对的成功和失败，对自己要求过于严格，只会给自己施加压力，影响表现，你要告诉自己，即使失败了也没什么，只是说话而已。以平常心面对成败，也就能以平常心说话。

任何一个演讲者都要学会降低对自己的要求，真正放下自我，才能释放压力，演讲时才能做到轻松自如。

讲话前做一些放松身心的活动

生活中，即便是那些演讲大师，即便他们参与过很多次演讲，也有过很多成功的演说经历，登台时也免不了有些紧张，对此，我们要懂得放松自己，在开始演讲前，最重要的就是要把注意力从自己身上移开，为此，你可以在演讲前做一些放松身心的活动。

林小姐是一名成功的培训大师，她的工作就是经常在全国各大企业对人才进行培训，她为很多著名的企业培养了一批批人才，按常理说，面对公众说话对她来说已经不是什么难事了，但是每次上台时，她还是莫名地紧张。

这几年，林小姐逐渐摸索出了能帮助自己减轻紧张感的方法：平时没事的时候，她会在网上搜集一些小笑话，然后存在自己的手机里，到演讲前，她就拿出来看，那些小笑话能让林小姐开怀大笑，她心里所有的不安也就烟消云散了。

和案例中的林小姐相同，即便那些演讲大师，在演讲前也会紧张，只是他们都有属于自己的调节方法，林小姐使用的就是幽默放松法。的确，演讲中，要想有效地表达自己的意思，首先要学会自我放松，放松了才能自如。那怎样才能放松呢?

这里，经验丰富者和我们分享了几个有用的方法：

1. 深呼吸调节法

这一方法几乎被所有的演说者使用过，也是最简单有效的方法，运用这一方法，可以消除杂念和干扰。当自我感觉十分紧张时，有意识控制自己的情绪。

具体做法是，脚撑地，两臂自然下垂，闭合双眼，把注意力集中在呼吸上，静听空气流入、流出时发出的微弱声音。然后，以吸气的方式连续从1数到10，每次吸气时，注意绷紧身体，在头脑中浮现出数字，在呼气时说“放松”，并在头脑中再现“放松”这个词，这样连续数下去。注意节奏放慢，让身体尽量松弛，直到感觉到镇静为止。你也可以在平时有意识地训练自己放松，这样，在演讲时出现紧张心理，就更容易调控。

2. 做均衡运动，放松你的大关节和肌肉

均衡运动是指有意识地让身体某一部分肌肉有规律地紧张

和放松。比如，我们可以先握紧拳头，然后松开；也可以固定脚掌，做压腿动作，然后放松。做肌力均衡运动的目的在于让你某部分肌肉紧张一段时间，然后你不仅能更好地放松那部分肌肉，而且能更好地放松整个身心。你需要注意的是，做的时候速度要均匀缓慢，动作不需要有一定的格式，只要感到关节放开，肌肉松弛就行了。

3. 闭上眼睛，想象一些恬静美好的景物

如蓝色的海水、金黄色的沙滩、朵朵白云、高山流水等。

4. 收集笑话，上台前让自己开心一笑

平时多收集一些笑话，在上台前想一想最好笑的，让自己开心起来。经研究，笑能很快地使神经放松。

5. 演讲前要把注意力从自己身上移开

学生时代，在考试时，老师会给出一些建议：对于那些不会做的题目，可以先转移注意力，减少焦虑，回避这个一时解答不了或暂时回忆不起来的问题，当其他问题解答完之后再回过头来“重新”思考回避的问题。这种做法可以使优势兴奋中心得以转移。

同样，演讲前，你也可以休息片刻或者活动一下四肢、头部，来调节中枢神经系统，从而使抑制状态得到缓解。也可以积极听取主办人和听众的意见，或是集中精力听别的讲演者说些什么，以便把注意力放在他们身上，避免不必要的登台恐惧感。

你甚至可以将注意力集中到一些日常物品上。比如，看着

一朵花、一点烛光或任何一件柔和美好的东西，细心观察它的细微之处。点燃一些香料，静静闻它散发的芳香。

当然，要想真正消除演讲中的紧张心理，从根本上来说还是要你降低对自己的要求。一个人如果十分争强好胜，事事都力求完善，事事都要争先，自然就会经常感觉到时间紧迫，匆匆忙忙。如果能够认清自己能力和精力的限制，放低对于自己的要求，凡事从长远和整体考虑，不过分在乎一时一地的得失，不过分在乎别人对自己的看法和评价，自然就会使心境松弛一些。

如果在准备充足的情况下，你还是会产生紧张情绪，那么，掌握一些放松自我的技巧可以让我们“应急”！

第12章

话说到位办事不愁：不同场合的关键语表达方式

日常交际中，我们会出席各种场合，比如，酒宴、典礼、演讲等等，在不同的场合，我们需要掌握不同的语言表达方式，如何通过前30秒就吸引听众呢？需要语言的高度凝练，才能达到打动听众的目的。

说好祝酒词，烘托宴会气氛

我们都知道，中国的酒文化源远流长，无酒不成席，中国人喝酒，喝的不仅是酒，还是一种意境和文化。自古以来，素有“行酒令”之传统，到了现代，人们的祝酒习惯有增无减，这也是酒桌上的一个礼仪。

在生活中，在很多场合，我们都需要喝酒，此时，也就少不了要祝酒，对此，我们要明白，在不同的场合，所说的祝酒词也应该是不一样的，但不论什么场面，我们在说祝酒词时要做到诚恳、热情洋溢、满怀激情，达到真正烘托气氛的目的。

某经理在公司年会上的讲话：

“亲爱的朋友们，此刻，我们欢聚一堂，都沉浸在欢乐之中，我无法表达我的心情。一年来，诸位为我们的企业做出了重大贡献，企业越办越红火，蒸蒸日上。今天我们共同举杯，就是为了庆祝我们共同努力的成绩，也感谢大家无畏的奉献精神。现在，我提议，诸位，为我们共同的事业和每个人的幸福干杯！”

这段话虽然简短，但却表明了宴请的由头，表达了自己内心的感受，为整个宴请起到了很好的开场作用。

酒桌上，一个人若会祝酒，往往能获得满堂彩，不失礼节又能让人刮目相看。而祝酒词带有很强的随机性和变化性，因

此，祝酒也考验了一个人在应酬时候的变通、见机行事的能力。

祝酒也并不是毫无章法、毫无规则的，我们要根据不同的场合、时间、地点以及当时的喝酒氛围来祝酒。这门学问涉及方方面面：

1. 仪式场合

在某些仪式场合，通常会有一位祝酒司仪，如果没有，你很有可能需要致必要的祝酒词。而在不太正式的场合，可以在葡萄酒和香槟酒上来之后，就提议祝酒。你不必把酒杯里的酒一口气喝干，每次喝一小口足矣。

2. 宴会上

如果是私人宴会，则可以让男主人或女主人祝酒。如果你是上级或长者，那么，祝酒词通常是你的优先权。

3. 面对突如其来的"邀请"

酒桌上，一些人经常会在毫无准备的情况下，被推举出来提议祝酒。此时最好的解决办法就是说出你的感受。祝酒词从来用不着太长，表达你的敬意和祝愿即可。当然，如果你想表现得更有风度，更有口才，你可以增加一些回忆、赞美，以及相关的故事或笑话。

4. 对于任何带酒精的饮品，你都无法接受时

当酒传递过来时，你当然可以谢绝，在祝酒时举起装着饮料的高脚杯。过去，除非是酒精饮料，否则不祝酒，但是今天各种饮料都可以用来祝酒，毕竟喝酒喝的只是氛围。但无论如

何，你应该站起来，加入到这项活动之中，至少不应该极端失礼地坐在座位上。

具体的祝酒词，是轻松和谐的，但我们在祝酒的时候，要避免庸俗，否则，会让对方感觉难堪甚至鄙夷，这样，我们原本为了活跃气氛的本意就被倒置了。

然而，祝酒词应当与场合相吻合。幽默感极少会显得不合时宜，但是在婚礼上的祝酒词应该侧重于情感方面，向退休员工表达敬意的祝酒词则应当侧重于怀旧，诸如此类。

如果酒宴宾客较多，我们应尽量多谈论一些大部分人能够参与的话题，得到多数人的认同。因为每个人的身份地位、知识面以及兴趣爱好都有不同，谈话的内容太偏也许会赢得某个人的好感，但却遭到更多人的排斥，影响喝酒的效果。另外，在喝酒的时候，要瞄准宾主，把握大局、分清主次，不要单纯地为了喝酒而喝酒，而失去交友的好机会。

在酒桌上，我们一定要学会灵活掌握，熟练运用祝酒词。不然，只会被别人“排山倒海”的祝酒词攻击。当别人劝酒的时候，不可以反客为主，说“怎么能让您敬我酒呢，应该是我向您敬一杯才对” 。然后起立举杯，说敬全体一杯，这样他们接下来就不好意思挨个对你劝酒了，可以少喝很多杯。上厕所、接电话也是很管用的一招。还有，为了避免醉酒，形势不对时，还可以把手机设个闹铃，过几分钟闹铃响，“谎称”自己接电话。对于女性来说，就算会喝也不能喝多，半斤量要让

所有人都相信你只能喝3两多。不会喝酒，但是在大家劝说下，抿一下酒杯。这样既保护了自己，又不失风姿，顾全了对方面子，还会让别人赏识。

可见，一个人在酒桌上学会祝酒是何等的重要，会祝酒不仅体现了我们才思敏捷，还是口才好的一个重要体现，更能让在座者微醉微醒中达到喝酒的目的！

聚集于餐桌上，我们端起酒杯祝酒，能炒热现场的气氛，也许你认为自己是个内向、不善言辞的人，但祝酒的本意就是烘托气氛，不必拘泥。

妙用介绍辞，营造良好的沟通氛围

现实生活中，在公共场合，我们经常遇到这样的情况：我们需要将第三者介绍给听众，此时，就需要我们运用到介绍辞。介绍辞有交际介绍的作用，它让演讲者和听众集合在一起，能营造出良好的沟通氛围，能在演讲者和听众之间建立起兴趣的桥梁。

所谓介绍辞，它应该带领我们进入到题目的内部，同时，我们还应该通过它来了解演讲者，看看这位演说者是否能驾驭这一演说题目。也就是说，介绍辞应该将两大因素介绍给听众：题目和演讲人，并且在最短的时间内将这件事做好、

做完。

假如有人这样诠释介绍辞：“你不必说什么话，你只要向听众介绍演讲人就可以了。”那么，此人就是没有理解介绍辞的真正含义，也破坏了介绍辞在演讲中的重要性。这大概就是不少准备介绍辞的主持人不重视它的原因。

接下来，我们看看这样一则案例：

约翰·马森·柏朗是一名作家，但同时也是个出色的演讲家，他活泼生动的演讲风格，为他赢得了一大批忠实听众。一天晚上，他和将把他介绍给听众的主持人谈话。

那个主持人对柏朗说：“不要害怕自己说什么，轻松点，我才不相信非要准备什么，在我看来，什么用都没有，只会让整个演讲的神秘感和美感被破坏，听众的兴致也会被破坏，我就等着在我站起来的一刹那感觉突然来找我，不过我可告诉你，在这一点上，我可从来没有过闪失。”

这些话听起来是多么信心十足，为此柏朗也憧憬有一个好的介绍，他在一本名叫《积习难去》的书里回忆了整件事，不料，这个人站起来却说出了这样的话：

“各位先生，请安静，大家注意一下好吗？今晚有个坏消息告诉大家，本想，我们想请艾瑟克·马可松来做演说，但可惜的是，他病了不能来。（鼓掌）然后我们又想请参议员柏莱锥基来向各位作演说……可是他又太忙了。（鼓掌）最后，我们又想请堪萨斯城的洛伊德·葛罗更博士前来跟各位谈谈，

但是也没成。所以，我们只有请——约翰·马森·柏朗来替代了。（鸦雀无声）”

柏朗先生在回想这件事时曾调侃说：“至少我的那位灵感总是随叫随到的朋友，终于把我的名字说对了。”

你当然已经看出来了，那个总是吹嘘自己的灵感能随叫随到、能帮助他应付一切的人，就算是他故意那样做的，也不会比他现在更糟了。他的介绍完全违背了一个介绍人该有的职责，也有愧于他对听众的职责。虽然这一职责并不大，但却十分重要，让我们感到吃惊和不解的是，不少节目主持人似乎都没有察觉到这一点。

不过，从这一案例中，我们看到了准备工作在介绍辞中的重要性。的确，一般来说，介绍辞虽然很短，不会超过一分钟的时间，但还是要仔细准备。

我们需要做到搜集事实，这里，可以以三个内容为中心：演讲人的题目、他所能探讨这个题目的资格和他的名字，如果可以，还有第四个内容，他演说的题目是多么有趣。

介绍人一定要事先了解最准确的题目或观点，并要掌握大概演讲者准备怎么去演说这一方向。最尴尬的莫过于演讲者与介绍人所介绍的并不相同，甚至是背道而驰的。如果介绍人事先做足了了解的工作，也不说任何胡乱揣测的话，这一失误是可以避免的。

不过介绍人最重要的职责就是准确地介绍讲题，并将它与

听众关心的问题相联系。所以，条件允许的情况下，你要设法直接从讲演者身上取得资料。如果需要借助第三方，如节目主持人，就应该设法获得书面资料，并在会议前向讲演者查证。

不过，演讲人通常努力的方向都是在取得演讲人资格这一方面。假如你要介绍的演讲人家喻户晓、人尽皆知，那么，你能从《世界名人录》或类似书籍中获知精确的资料；假如他是一名地方性人物，你可以从当地的公共关系或者人事部门获得资料；你还可以去拜访他，最为重要的是，你要确保你获得的材料的准确性。

当然，给出太多的介绍或叙述也会让人不耐烦，比如，如你已经介绍了对方是某方面的博士了，你还继续提他的学士、硕士学位就是多余的。同样，你最好介绍对方最高和最近的职务，至于对方在大学毕业后所担任过的一些职位，不要牵扯。最要紧的是，对方最了不起的成就要提，而对于那些次要成就则可忽略不计。

演讲致辞，从容得体赢人气

作家玛娇莉·威尔森曾说过这样一句话：“我们已经证实，人类心灵最深挚的渴望是被认可——得到荣誉。”网球明星爱尔蒂·吉柏森就把这份“人类心灵的渴望”极其恰当地用于自传的书名。她称它为“我要做重要人物”。这句话正是表达了人们内心深处的感受。我们都希望自己能与人和平共处，

都希望被人称赞，所以公开场合的别人的嘉奖，一定能让你亢奋起来。

的确，现实生活中，我们在工作或者学习获得一定成果后，都会得到他人的肯定，其中一个重要的方式就是得到奖励，而此时，为了回馈别人，我们便需要做演讲致辞，不少人为此感到头疼，如何在演讲致辞会上发言呢？我们不妨先来看下面两段致辞内容：

尊敬的各位领导、各位来宾、朋友们：

大家好！作为公司的新员工，能有机会代表部门参加比赛并获奖，我感到十分高兴和激动，此时，我想用三个词来表达我的心情。

第一个词是感谢。谢谢单位领导和同仁们对我的信任、帮助和鼓励，我由衷地感谢你们！（鞠躬）

第二个词是自豪。我自豪的是，在我人生渺茫之际，公司向我伸出了双手，让我在这片沃土上发展自己。在公司的培养、造就下，在领导的信任和同事们的帮助下，小小的我才得以成长，我人生的画屏上才涂下了一抹最绚烂的色彩。

第三个词是行动。人要懂得感恩，感谢公司领导和同事们的培养和帮助，不是简单的两个字，需要我的行动。我将把这份感谢与感恩化作行动，将自己的全部智慧与力量奉献给公司，勤奋敬业，激情逐梦，在做大做强企业的道路上执着前行，努力做到更好！

“新年伊始，万象更新”，值此新春之际，请允许我向一年多来关心、支持和帮助我的领导和同事们表达我最诚挚的祝福和谢意！

这段致辞中，我们可以看到的是，演讲者将自己的演讲内容分成三个部分，并逐一进行阐述，让听众看到了他谦逊的态度以及继续努力的决心。

为此，对于获奖致辞，演讲大师们总结出这样一个范本：

今天我有幸获得这个奖，很感谢公司领导对我的支持，也很感谢同事们在工作上对我的配合（有需要的话可直接讲出人名或者团队）。其实这个奖，不只是属于我的，它是属于在座每一位的，在座的每一位兄弟姐妹，你们说是不是？（语气激动一点，情况可以的话，带头鼓掌）今天我真的很高兴，高兴的不是因为我得了多少奖金，而是因为我真真正正感受到团队精神的力量，我也觉得自己很幸运，幸运在于我当初选择了这家公司，公司给予我发挥的机会，团队精神给予我力量，使我能有今天的成绩，多谢各位。（接着可以简单讲一下自己有困难时，谁帮过自己）在未来新的一年，我会继续努力，和大家一起向更好的明天迈进。从这个范本里，我们也大致能厘清演讲致辞的基本思路：

1. 开场

①问好②名字③感谢。

2. 内容

①归功——今天的成绩是大家支持的结果。

②经历——过去不平凡、感动、难忘的经历回顾。

③感言——发表三点感言。

3. 结尾

①奉献——继续努力，做出更多奉献。

②感谢——最后感谢大家支持。

总之，演讲致辞中，我们的功劳应归于大家，而不应独占，只有这样，才能表现自己谦逊的态度，也才能获得大家的信任，从而让大家继续支持你的工作。

精彩竞职演讲，让自己脱颖而出

现代社会，竞争日益激烈，无论是职场还是商场，我们都免不了要参与竞争，而竞争的一个重要形式就是参与竞职演讲，那么，竞职演讲中，我们该怎样脱颖而出、获得演讲机会呢？

在营销中，都有个观点，那就是首先要“营销自己”，其实，竞职演讲要达到的主要目的也就是将自己营销出去，因为只有让听众看到我们的实力，才会接纳和认可我们，才愿意让我们担当重任。我们先来看下面一段竞职演讲：

“尊敬的各位领导、同行朋友们：

大家好！

首先，我感到非常荣幸，因为我能获得校长竞职的资格，因为在我们的师资队伍里，有很多比我更优秀的教师、班主任老师都没来参加，实际上，我也是做了很久的思想工作才决定的，今年的我已经三十六岁了，年纪不小了。从毕业工作到现在，已经有十五年的时间了，这些年，我也积累了一些工作经验，包括教学经验和学校管理经验。我现在还有一股冲劲，想在教育行业做出一些贡献，所以我来了。

其实，四年前，也有一场这样的竞聘演讲，热心的朋友和其他教师都劝我参加，但那个时候，我的内心自卑，觉得自己也年轻，首先应该做好一名老师。

我说出这些绝不是以此来显示自己的谦虚，而是因为我觉得一个人，尤其是一名教师，一定首先要有反思精神，要有真正的自知之明。通过这些年的磨炼和摸索，我觉得自己无论在个人成长，还是在教学工作、学校管理等各方面都有不小的收获，下面我便根据文件要求的三个方面来谈谈自己的情况。

……

最后我想说的是，机会只属于有准备的人，我想借这次参与竞职为自己争取一个机会，同时也给大家多一个选择，也欢迎大家对我以上所讲的内容提出批评指正，不管对我支持与否，衷心感谢在场的耐心听完我讲话的所有领导、同行朋友

们！我的演讲完毕。”

这段演讲中，主人公通过提及四年前未参加竞职演讲这一事实，表明自己已准备充足，态度谦虚、言辞诚恳、表达流畅，相信能获得好的竞职结果。

可能很多人会很困惑，工作业绩不就说明了一切吗，难道还需要“自吹自擂”吗？其实，自我表扬并不是一种自吹自擂，更不是办公室政治游戏，而是一种提高能见度的方式。

当然，在演讲中展现实力也有一定的技巧，而且前提是一切都言之有物，而非过度作秀。具体来说，你要做到的是：

1. 精心准备每一次重要会议发言

对于职场人士而言，公司的一些重要会议是展现自己的最佳舞台。这种会议繁多。会议上公司高层或专业部门的负责人一般都会在场，通常他们都愿意听取公司最底层的员工的声音，所以，作为普通员工的你一旦有机会参加这样的会议千万不要放过任何一个发言的机会。你在会上的发言实际上反映了你的思维能力、对工作的认识程度。通过会前充分的调研和资料准备，尤其是数据的整理挖掘，你就可以在会上从一线的角度从容不迫侃侃而谈了。这时，领导一面在听你的汇报，一面就在脑海里盘算你下一步的发展空间了。

2. 多提一些建设性意见

在某公司的市场部，有一位女员工，在她负责的某个市场，是一片多雨的城市，当她被调到这一片区域时，这里刚好

碰到了洪涝灾害，市区一片混乱，很多和她一样的市场专员都陷入了忙乱之中，大家都忙着抢救随时遭遇危险的货物，这批货物价值几十万，稍有不慎，就有可能被水淹没，或者被人哄抢。

此时，经理刚好去省城出差了，无法指挥现场，这位女员工当时组织剩下的几位女促销员，站在齐膝深的水中，把货物转移到安全的地方，洪水一退，就立刻清点在经销商处存放的货物，帮助他们克服天灾的影响，最终完成了当月的销售任务。

公司该季度例会破例让她参加，当时她含着泪发言，希望总公司能给她所在的片区发放一些特殊的防水物资，这给在场的每个人留下了深刻的印象，会后没有多长时间，她的要求就被总公司采纳了，而她也被提拔为另外一个地级市场的经理。

竞职演讲中，说空话，是无法让听众看到你的实力的，也会让听众认为你是纸上谈兵，多从专业的角度阐述你对工作的意见和建议，才是展现你实力的最好方法。

3. 委婉表达自己的实力

直接表述自己的实力难免有吹嘘之嫌，会让听众产生反感，而从侧面、委婉地表述，能在不着痕迹的情况下进行自我表扬，获得听众的认可。

正如卡耐基曾经说的那样：“不要怕推销自己，只要你认为自己有才华，你就应认为自己有资格担任这个职务。”竞职演讲中，你若希望成功击败其他参与者，就要努力让听众看到你的实力，进而对你青睐有加。

做好就职演讲，一开口打动听众

生活中，在正式成为某一企业的员工或者接手某一职位时，我们都需要进行就职演讲，很明显，我们进行就职演讲的目的是打动听众、增强听众对我们的信心，要做到这一点，我们演讲的语言就必须有鼓舞性和说服性，这样，才能让听众信任我们，把工作乃至重要的任务交给我们。

我们先来看下面这篇就职演讲：

英国前首相撒切尔夫人在自己上任后的第一次讲话里说道："我是继伟人之后担任保守党领袖的。这使我觉得自己很渺小。在我之前的领袖，都是赫赫有名的伟人。例如，我们的领袖温斯顿·丘吉尔把英国的名字推上了自由世界历史的顶峰；安东尼·伊登为我们确立了可以建立起极大财富和民主的目标；哈罗德·麦克米伦使很多凌云壮志变成了每个公民触手可及的现实；亚历克·道格拉斯·霍姆赢得了我们大家的爱戴和敬佩；爱德华·希思成功地为我们赢得了1970年大选的胜利，并于1973年英明地使我们加入了欧洲经济共同体。"

1979年，撒切尔夫人在大选中获胜，这时，她说道："不论大家在大选中投了谁的票，我都要向全体英国人民呼吁：现在大选已过，希望我们携手前进，齐心协力，为我们所自豪的国家的强大而奋斗。我们面前有很多事情等着我们去做，让我们一起奋斗吧！"

1987年，撒切尔夫人第三次连任，她讲了这样一段话：“我们有权利也有义务提醒整个自由世界注意，英国再次信心百倍、力量强大和深受信任。我们信心百倍，是因为人们的态度已经发生了变化；我们的力量强大，是因为我们的经济欣欣向荣，富有竞争力，而且在不断强大；我们深受信任，是因为世人知道我们是一个强大的盟友和忠实的朋友。”

撒切尔夫人是20世纪后期世界上最具魅力的政治人物之一，在这一演讲中，我们看到了撒切尔夫人是如何展现自己的雄心壮志的。她那卓越的口才，更为其树立了很高的威信。我们来一一分析她所讲的三段话：第一段话里，撒切尔夫人列举了现代史上英国历代首相的功绩，以此来表明自己的任重道远；第二段话里，她以富有感情的语言贴近了广大民众，增强了她在英国人民心中的威信；第三段话里，她以豪放的语言表现自己的信心和王者之气，进一步使得她在人民中的威信不断提高。

的确，随着经济的发展和社会的进步，就职演讲已经成为就职之初必不可少的一个环节。大到国家领导人，小到班组长，新上任时一般都要发表就职演讲。为了在演讲中充分展示就职者的领导素质、管理才能和人格魅力，就要认真写好就职演讲稿。

这里，我们同样可以将就职演讲划分为以下几个部分：

1. 标题

就职演讲的标题有三类。一类是文种标题，即只标“就职

演讲稿”；一类是公文标题，由就任职务和文种构成，如《关于就任××乡乡长的演讲》；还有一类是文章标题，可用单行标题，如《当市长，就要向人民负责》；也可用正副标题，如《官居八品 责尽十分——与乡镇全体干部初次见面时的讲话》。

2. 称谓

指对现场听众的称呼。这要根据听众的不同身份而定，力求恰当、得体，如“各位领导，同志们”等。

3. 正文

开头。就职演讲的开头，一般都要表达任职者的心情和对听众的谢意。

主体。这是全文的主要内容。应当着重谈就职者的工作目标、打算和措施，以获取听众的信任和支持。

结尾。就职演讲的结尾，一般都要发出号召，展望前景，给听众以激励和鼓舞。上述就职者在演讲的结尾，热情洋溢地说：“我相信，经过我们的一起努力，我们的奋斗目标就可以实现，也一定能够实现。”这样的结尾，充满了强烈的凝聚力和感召力。

另外，就职演讲时，我们还需要考虑到一些现场因素，包括：

第一点，时间。就职演讲总是在特定的时间背景下进行的，一般都是在确定就职后的某个时间，在演讲中，对这一时间进行强调和阐发，不仅可以增强现场的气氛，而且能够激发听众的共鸣。

例如，一位新当选的县长在他就职演讲的开头说道：“今天，是我最难忘的日子，最荣幸的日子，也是最激动的日子。在此，让我向各位人大代表表示衷心的感谢！向在座的各位领导、同志们和全县35万父老乡亲表示崇高的敬意！”这样开篇，恳切自然，给听众以良好的印象和感受。

第二点，地点。

一般来说，就职者发表演讲的地点，也就是他开始新的工作的地方。因此，撰稿时突出地方特点，有助于演讲者表达真情实感。

第三点，听众。

在就职演讲中，听众的反应直接关系到演讲的效果。因此，撰写就职演讲稿，必须注重听众的身份特点和思想倾向，通过语言照应，以增强现场交流感。

可见就职演讲最重要的目的是向听众传达出对工作的信心和胜任的能力，因此，演讲中突出对听众的鼓动性尤为重要。

召开会议，快速进入正题

在公共场合发言、开会等，都属于领导干部管理指导工作的一个重要方面。然而，对于不少职场人士来说，他们最害怕

的就是开会了。不少职场人士坦言，每周大会小会不断，而且会议内容冗长复杂，最让人无法忍受的是，上司领导似乎总是把开会当成自己的“个人秀”，他们在会上大谈自己的丰功伟绩，以至于几个小时过去了，会议还没提到中心内容，白白浪费了很多时间。为此，作为领导干部，要想提高开会的效益，就要尽量做到快速入题。

为此，领导者需要注意以下几点开会技巧：

1. 入题要快

开会时，领导者欲使与会者尽早进入状态，接受自己的言论，就必须重视入题的速度和方式两方面的安排。既要“开门见山，一针见血”，这就是“快”；又要有逻辑上的悬念、起伏和跌宕。

我们来看看下面这位领导在会议上是怎么开场的：

在座的各位同事、各培训机构的领导，大家上午好！

首先要感谢公司董事会能组织这次研讨会，为我们大家创造了一个学习和交流的机会。我也非常高兴能有这个机会，和各位经验丰富的同仁、领导交流办学经验和心得。

这是我们公司第一次开这么大规模的研讨会，为了方便大家记住我，我先介绍一下我自己。我叫张迅。张爱玲的张，鲁迅的迅。他们一个是文化界的名人，一个是文艺界的名人。今天，我们组织这个会议是希望……

这一案例中，这位领导在三言两语间就介绍清楚了自己和

开会的目的以及要达到的预期效果，可谓句句达意，让与会者清楚明白。

当然，这里强调入题要快，并不是说所有入题都以“开门见山”这样“直”的方式为佳。其实，有时候入题更需要讲求一定的曲折和委婉，尤其要讲求一点逻辑悬念，方才有利于入题的引人入胜。因此，有时候，领导者不妨在言辞上多下点功夫，以悬念抓住与会者心理，引起他们的注意和重视。

2. 观点鲜明

开会时，领导者一定要观点鲜明。观点鲜明，显示着领导者对一种理性认识的肯定，显示着领导者对客观事物见解的透辟程度，能给人以可信性和可靠感。会议观点不鲜明，就缺乏说服力，就失去了开会的作用。

3. 感情真挚

开会时，领导者开场的时候，言辞一定要有真挚的感情，才能让参加会议的人信服。因此，它要求在表达上注意感情色彩，把说理和抒情结合起来。既有冷静的分析，又有热情的鼓动；既有所怒，又有所喜；既有所憎，又有所爱。当然这种深厚动人的感情不应是“挤”出来的，而要发自肺腑，就像泉水喷涌而出。

4. 语言流畅，深刻风趣

领导者若想把在头脑里构思的一切都说出来，让与会者看得见、听得到，就必须借助语言这个交流思想的工具。因此，

语言运用得好还是差，对开会效果的影响很大，要提高开会的质量，就要在语言上下一番功夫。

当然，在开会时，作为领导者，你也不必为了减少说话时间而将自己的说话内容完全写在纸上然后背下来，也不是临时抱佛脚看看杂志就可，而应该在自己的脑海里挖掘，然后提炼那些信念，你不必担心材料不足，只要你发掘，就能找到，也不必怀疑你的讲话太个人化，真正这样的说话才是让人快乐的、动人的。

背诵会议内容或许你会记得每一字每一句，但总是缺乏生气，如果你放下稿件，也许你会忘记几点，但肯定更富有人情味。

总之，我们正处在一个迅猛发展的时代，城市人的生活节奏很快，尤其是北京、上海、广州这样的一线城市。因为生活节奏不断加快，各行各业也都在加快速度追求增长，一切都代表着速度和节奏，所以，作为领导者的你，要为员工和下属节省时间，在开会时，一定要快速入题，迅速将听众带入规定情境和思路中去。

参考文献

[1]徐春艳. 把话说到点子上[M]. 北京：石油工业出版社，2008.

[2]包朗. 把话说到点子上[M]. 北京：中国纺织出版社，2016.

[3]陈建伟. 把话说到点子上[M]. 北京：民主与建设出版社，2017.

[4]冠诚. 沟通心理学：把话说到点子上[M]. 郑州：郑州大学出版社，2018.